改訂2版

精神障害の
労災認定のしくみ

第3章　精神障害の認定基準

第4章 精神障害の労災認定事例

第5章　精神障害の認定基準にかかるQ＆A

参考資料

第1章

労災保険制度の概要

労災保険制度の概要

1 労災保険の目的

　昭和22年に発足した労働者災害補償保険（以下「労災保険」といいます。）の目的の要旨は、「業務上の事由又は通勤による労働者の負傷、疾病、障害、死亡等に対して迅速かつ公正な保護をするため、必要な保険給付を行う」ことであり、同時に保険給付を行う以外にも社会復帰促進等事業という名称で、「被災労働者の早期社会復帰を促進するための事業、被災労働者の遺族も含めた援護のための事業、その他災害防止に資する事業」なども行われています。

　業務上の事由による負傷、疾病、障害、死亡等に対する補償責任は、一義的には、労働基準法第75条の規定によって使用者が負っていますが、同法第84条では、労災保険給付が行われるべきものは、使用者は補償責任を免れることと定めています。

　このことから、労災保険は、使用者の補償責任を肩代わりする制度として発足したものです。

　労災保険は今日まで幾多の改正が行われ、制度の充実が図られてきましたが、特に昭和40年以降について申し上げますと、

○昭和40年：中小事業主・一人親方等の特別加入制度の新設

○昭和48年：業務災害に準じて保護する通勤災害保護制度の発足

○平成13年：業務上の事由による脳・心臓疾患の発症を予防するための二次健康診断等給付の施行

○平成18年：通勤災害保護制度における保護対象の拡充

○令和２年：副業・兼業を取り巻く状況の変化を踏まえ、非災害発生事業場における賃金額を合算した額を給付基礎日額とする複数事業労働者に対する保険給付の拡充

○令和２年：複数の事業場における業務上の負荷を総合的に評価する複数業務要因災害に関する保険給付の創設

○令和３年〜：特別加入制度の対象範囲の拡大

などが図られてきており、労働基準法上の災害補償を大きく上回る発展を遂げています。

2 労災保険制度のしくみ

(1) 労災保険成立と対象者

　国の直営事業および官公署の事業を除いて、労働者（職業の種類を問わず、事業または事務所に使用され、賃金を支払われる者）を使用する事業を当然適用事業とし、労働者を１人でも使用している事業に対して法的に保険関係が成立します。

ただし、5人未満の労働者を使用する個人経営の農林水産の事業は、現時点では、暫定任意適用事業（保険関係の成立を事業主、または、事業に使用されている労働者の意思に委ねられている事業）となっています。

　なお、労災保険は、他の社会保険のような労働者個々人を被保険者とする方法はとっていません。

　一つの事業を加入単位として、常用、アルバイト、パートタイマー、派遣労働者など雇用形態にかかわらず、すべての労働者を対象としています。

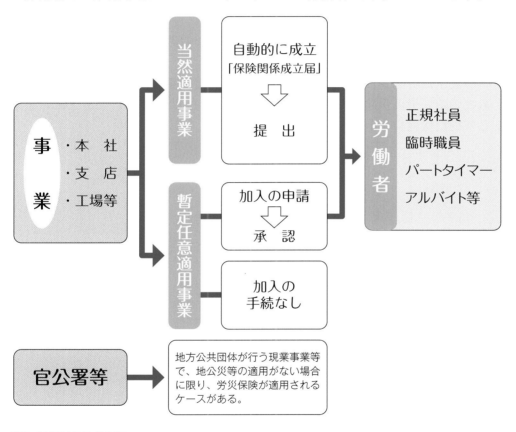

(2) 特別加入制度

　原則、常時300人以下の労働者を使用する中小企業事業主とその家族従事者、法人の場合は労働者とならない役員、また、個人タクシー・貨物運送事業者、大工・左官などの自営業者（一人親方）、農作業従事者・家内労働者などの特定作業従事者、海外派遣される労働者に対して、一般労働者と同様の保護を目的として特別加入制度を設けています。

　なお、令和3年4月以降、以下の方について特別加入の対象が拡大されています。

令和3年4月1日から
　・芸能関係作業従事者
　・アニメーション制作作業従事者
　・柔道整復師
　・創業支援等措置に基づき事業を行う方

令和3年9月1日から
　・自転車を使用して貨物運送事業を行う者
　・ITフリーランス
令和4年4月1日から
　・あん摩マッサージ指圧師、はり師、きゅう師
令和4年7月1日から
　・歯科技工士

(3) 労災保険料

　労災保険料は全額事業主が負担し、対象となる労働者の個人負担はありません。

　事業主は労働者に対して支払った年間の賃金総額に、事業の種類ごとに定めている「労災保険率」（令和6年4月1日現在、2.5/1000〜88/1000）を乗じて得た保険料を申告・納付します。

(4) 保険給付の内容

保険給付の内容は以下のとおりです（詳細は19〜20頁参照）。

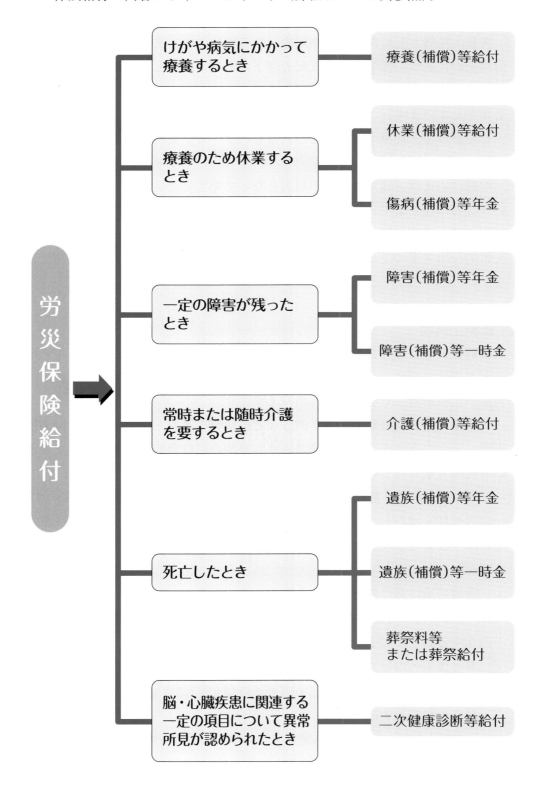

3　業務上災害とは

(1) 業務上の負傷等

　　業務上災害として保険給付の対象となるためには、業務遂行性（労働者が労働契約に基づいて事業主の支配管理下にあること）と、業務起因性（業務と傷病等との間に一定の因果関係があること）の2つの要件を満たすことを必要としています。

　　したがって、仕事中に発生した負傷等のすべてが業務上災害となるものではありません。

　　端的にいえば「通常の仕事が原因となって発生した災害による負傷等」ということになります。

　　例えば、建設現場での墜落事故、工場で機械に挟まれてけがをしたような災害的な出来事によるものは、比較的容易に業務上の判断をすることができます。

(2) 業務上疾病

　　疾病によっては有害業務から離れて相当期間を経てから発症するじん肺症など遅発性の疾病や、さまざまな要因が関与して発症する疾病など業務上の判断が比較的難しくなるものもあります。

　　これまでの個別の症例、疫学調査などの研究結果から一定条件の労働環境下で、一定の有害因子に長期間さらされた場合には発症の危険性が高まるという疾病も知られています。

　　こうした疾病は、業務との因果関係について医学的評価が確立されていて、一定の要件を満たし、かつ業務に起因するものではないという特段の反証がない限りは業務上疾病と認定されます。認定は、一般に次の3要件を満たす必要があります。

① 労働の場における有害因子の存在

　　「有害物質、身体に過度の負担を与える作業態様、病原体など、業務に内在する諸々の因子があったこと」

② 有害因子へのばく露条件

　　「死傷病を発症させるほどに有害因子にばく露していた事実があったこと」

③ 発症の経過および病態

　　「有害因子へのばく露から発症までの期間、病態が医学的に妥当であること」

(3) 業務上疾病の範囲

　具体的な業務上疾病の範囲は、労働基準法施行規則別表第1の2（以下「労基則別表1の2」といいます。）で定めています（参考資料141頁参照）。

　これは、疾病と業務との因果関係を証明することが困難であったり、認定に多大な負担を伴う可能性があることから、労基則別表1の2において、あらかじめ業務上疾病の範囲を明確にしているものです。

　業務上疾病は、労基則別表1の2の第1号から7号までは、「業務上の負傷に起因する疾病」と、「特定の有害因子を含む業務に従事することにより当然業務に起因して発症し得ることが医学経験則上一般的に認められている疾病」が類型的に列挙されています。平成22年5月の労働基準法施行規則の一部改正によって、従来第9号の「その他業務に起因することの明らかな疾病」に該当するものとして取扱われていた脳血管・虚血性心疾患等が第8号、精神障害が第9号として列挙され、従来の第8号、第9号は、それぞれ第10号、第11号へ変更されています。

(4) 認定基準の効果

　業務災害に関する認定は事業場の所在地を管轄する労働基準監督署長（以下「労基署長」といいます。）が行いますが、特に精神障害などの疾病については、発病・発症の経緯や業務との関連性等の審査のため、処分決定までに膨大な時間を要した場合、労災保険が目的としている、労働者もしくは遺族に対して迅速かつ公正な保護を行うという趣旨を満たさなくなります。

　このため、労基署長が公正・迅速な判断を確保するため、一定の疾病に関する医学的知見を集約し、どのような条件が重なれば業務と発症との医学的関係があるといえるのかなどについて定型化した認定基準を定め、この基準を満たしたときは、原則、業務上疾病として取り扱われます。

　なお、認定基準で示されていない疾病であっても、明らかに業務との関連性が証明される場合には業務上疾病として取り扱われることになります。

認定基準があると
- 請求者は被災状況が基準に達していることを示せばよい
- 労基署長は公正・明確かつ斉一的な判断を下せる
- 迅速な保険給付が図れる

認定基準がないと
- 事実関係の把握・検証に不正確が生じることがある
- 労基署間の判断によっては決定に差が生じることがある
- 決定までに時間がかかる

▶認定基準一覧表

疾　病　名	通達年月日	通達番号
業務上腰痛	昭51・10・16	基発第750号
電離放射線に係る疾病	昭51・11・8	基発第810号
高気圧作業による疾病（潜函病、潜水病）	昭36・5・8	基発第415号
騒音性難聴	昭61・3・18	基発第149号
振動障害	昭52・5・28	基発第307号
上肢作業に基づく疾病	平9・2・3	基発第65号
鉛、その合金又は化合物による疾病	昭46・7・28	基発第550号
アルキル水銀化合物による疾病	昭51・8・23	基発第602号
金属水銀、そのアマルガム及び水銀化合物による疾病	昭52・1・10	基発第13号
マンガン又はその化合物（合金を含む）による疾病	昭58・1・5	基発第2号
クロム又はその化合物（合金を含む）による疾病	昭59・12・4	基発第646号
有機燐系の農薬に因る中毒症	昭39・10・5	基発第1158号
二硫化炭素による疾病	昭51・1・30	基発第123号
都市ガス配管工にかかる一酸化炭素中毒	昭43・2・26	基発第58号
歯牙酸蝕症	昭27・9・9	基発第646号
脂肪族化合物、脂環式化合物、芳香族化合物又は複素環式化合物のうち有機溶剤として用いられる物質による疾病	昭51・1・30	基発第122号
芳香族化合物のニトロ又はアミノ誘導体による疾病	昭51・8・4	基発第565号
ニトログリコール中毒症	昭36・5・29	基発第489号
塩化ビニルばく露作業従事労働者に生じた疾病	昭51・7・29	基発第556号
タール様物質による疾病	昭57・9・27	基発第640号
石綿による疾病	平24・3・29	基発0329第2号
改正じん肺等の施行 じん肺法施行規則及び安全衛生規則の一部を改正する省令の施行	昭53・4・28 平15・1・20	基発第250号 基発第0120003号
脳血管疾患及び虚血性心疾患等 （負傷に起因するものを除く）	令3・9・14	基発0914第1号
心理的負荷による精神障害	令5・9・1	基発0901第2号

4　労災保険の請求手続きと時効

(1) 請求手続きの基本事項

　　労災保険の請求は、保険給付を受ける権利を有している被災労働者もしくは遺族などの意思に基づいて行われるのが原則です。

　　各種の請求書には、事業主の証明が必要となり、被災労働者もしくは遺族などから保険給付を受けるために必要な証明を求められた事業主には、災害発生年月日、災害の原因および発生状況などについて、速やかに証明しなければならないことが労災保険法により義務付けられています。

　　事業主の証明は、発生した災害の事実等を明らかにするためのものであって、業務災害に該当するか否かの判断を求めているものではありませんので誤解のないようにしなくてはなりません。

　　なお、仮に事業主の証明が得られなかった場合であっても、労基署長は請求書の受付をしないということはありませんし、証明の有無によって労基署長の認定に影響を与えるものではありません。

　　また、被災労働者などが、みずから請求等の手続きを行うことが困難なときは、事業主は手続きをすることができるように助力をしなければならないことになっています。

(2) 業務災害に係る保険給付の様式

＊「療養補償給付及び複数事業労働者療養給付たる療養の給付請求書」（様式第5号）

> **ポイント**
>
> 　労災病院や労災指定医療機関で治療を受けたとき、労災指定医療機関を経由して労基署長あてに提出します

＊「療養補償給付及び複数事業労働者療養給付たる療養の費用請求書」（様式第7号の1〜5）

> **ポイント**
>
> 　労災病院や労災指定医療機関以外で治療費を支払ったとき、その他、療養に関して自己負担した費用の請求をするとき、労基署長あてに提出します

＊「休業補償給付支給請求書　複数事業労働者休業給付支給請求書」（様式第8号）

> **ポイント**
>
> 　療養のため労働することができないため賃金を受けない日が4日以上のとき、労基署長あてに提出します

＊「障害補償給付　複数事業労働者障害給付支給請求書」（様式第10号）

ポイント

治ゆ後に後遺症が残存したとき、労基署長あてに提出します

＊「遺族補償年金　複数事業労働者遺族年金支給請求書」（様式第12号）
「遺族補償一時金　複数事業労働者遺族一時金支給請求書」（様式第15号）

ポイント

死亡後、遺族補償（受給資格（年金・一時金）に応じて支給）を受けるとき、労基署長あてに提出します

＊「葬祭料又は複数事業労働者葬祭給付請求書」（様式第16号）

ポイント

死亡後、葬祭を行ったとき、労基署長あてに提出します。

＊「介護補償給付　複数事業労働者介護給付　介護給付支給請求書」
（様式第16号の2の2）

ポイント

一定の障害で、常時・随時介護を受けているとき、労基署長あてに提出します

＊「二次健康診断等給付請求書」（様式第16号の10の2）

ポイント

定期健診等で異常所見が認められたとき、二次健診指定医療機関を経由して労働局長あてに提出します

請求書の入手は厚生労働省のホームページからダウンロードして使用することができます。

【検索方法】
厚生労働省ホームページ→政策について→分野別の政策一覧→雇用・労働「労働基準」→施策情報「労災補償」→施策紹介「労災保険給付関係請求書等ダウンロード」→ダウンロード用（OCR）様式

(3) 時効

　災害が発生して、給付の支給事由が生じた日の翌日から時効が進行し、一定の期間が経過したときに保険給付を受ける権利が消滅します。

▶保険給付の種類ごとの時効

種　　類	期間	起　算　日
療養（補償）等給付	2年	療養に要する費用を支出した日または費用の支出が具体的に確定した日ごとにその翌日
休業（補償）等給付		療養のため労働することができないために賃金を受けない日ごとにその翌日
介護（補償）等給付		月単位で支給されるため、介護を受けた日の属する月の翌月の初日
葬祭料等（葬祭給付）		労働者が死亡した日の翌日
障害（補償）等給付	5年	傷病の状態が治ゆ（症状固定）に至った日の翌日
遺族（補償）等給付		労働者が死亡した日の翌日
二次健康診断等給付	2年	一次健康診断の結果通知を受けた日の翌日

5　請求から不服申立てまで

　精神障害に限らず、負傷・疾病などについての認定を受けるために、療養・休業補償給付等の請求書を所属する会社の所在地を管轄する労基署長あてに提出し、労基署長が「業務外などの理由で、保険給付の支給要件に該当しない」と判断して不支給の処分決定をする場合がありますが、労基署長から処分決定通知を受けた被災労働者または遺族等は、処分に不服があれば都道府県労働局に置かれている労災保険審査官に対して審査請求をすることができます。

　なお、労災保険審査官の決定にも不服があればさらに厚生労働本省に置かれている労働保険審査会に対して再審査請求をすることができます。

　また、労働保険審査会の裁決に不服があるときは、裁判所に提訴（行政訴訟）することができます。

●労災保険給付に関する審査請求制度

┌─────────────────┐
│ 被災労働者や遺族等 │
└─────────────────┘

 労災保険給付の請求

┌─────────────────────────┐
│ 労働基準監督署長 │
│ 支給又は不支給の決定（原処分） │
└─────────────────────────┘

 決定に不服がある場合
（決定を知った日の翌日から3か月以内）

┌───────────────────────────┐
│ 労災保険審査官への審査請求（文書又は口頭） │
└───────────────────────────┘

 審査請求後3か月を経過しても決定されない場合

┌──────────────────┐
│ 労災保険審査官の決定 │
└──────────────────┘

決定に不服がある場合
（決定書の謄本が送付された日の翌日から2か月以内）

決定に不服がある場合
（決定を知った日の翌日から6か月以内）

┌────────────────────────┐
│ 労働保険審査会への再審査請求（文書） │
└────────────────────────┘

┌──────────────────┐
│ 労働保険審査会の裁決 │
└──────────────────┘

 裁決に不服がある場合
（裁決を知った日の翌日から6か月以内）

┌─────────────────┐
│ 裁判所へ訴訟の提起 │
└─────────────────┘

▶労災保険給付等一覧

保険給付の種類		こういうときは	保険給付の内容	特別支給金の内容
療養（補償）等給付		業務災害、複数業務要因災害又は通勤災害による傷病により療養するとき（労災病院や労災指定医療機関等で療養を受けるとき）	必要な療養の給付※	
		業務災害、複数業務要因災害又は通勤災害による傷病により療養するとき（労災病院や労災指定医療機関等以外で療養を受けるとき）	必要な療養の費用の支給※	
休業（補償）等給付		業務災害、複数業務要因災害又は通勤災害による傷病の療養のため労働することができず、賃金を受けられないとき	休業4日目から、休業1日につき給付基礎日額の60％相当額	**（休業特別支給金）** 休業4日目から、休業1日につき給付基礎日額の20％相当額
障害（補償）等給付	障害（補償）等年金	業務災害、複数業務要因災害又は通勤災害による傷病が治ゆ（症状固定）した後に障害等級第1級から第7級までに該当する障害が残ったとき	障害の程度に応じ、給付基礎日額の313日分から131日分の年金 第1級　313日分 第2級　277日分 第3級　245日分 第4級　213日分 第5級　184日分 第6級　156日分 第7級　131日分	**（障害特別支給金）** 障害の程度に応じ、342万円から159万円までの一時金 **（障害特別年金）** 障害の程度に応じ、算定基礎日額の313日分から131日分の年金
	障害（補償）等一時金	業務災害、複数業務要因災害又は通勤災害による傷病が治ゆ（症状固定）した後に障害等級第8級から第14級までに該当する障害が残ったとき	障害の程度に応じ、給付基礎日額の503日分から56日分の一時金 第8級　503日分 第9級　391日分 第10級　302日分 第11級　223日分 第12級　156日分 第13級　101日分 第14級　56日分	**（障害特別支給金）** 障害の程度に応じ、65万円から8万円までの一時金 **（障害特別一時金）** 障害の程度に応じ、算定基礎日額の503日分から56日分の一時金
遺族（補償）等給付	遺族（補償）等年金	業務災害、複数業務要因災害又は通勤災害により死亡したとき	遺族の数等に応じ、給付基礎日額の245日分から153日分の年金 1人　153日分 2人　201日分 3人　223日分 4人以上　245日分	**（遺族特別支給金）** 遺族の数にかかわらず、一律300万円 **（遺族特別年金）** 遺族の数等に応じ、算定基礎日額の245日分から153日分の年金
	遺族（補償）等一時金	(1)遺族（補償）等年金を受け得る遺族がないとき (2)遺族（補償）等年金を受けている方が失権し、かつ、他に遺族（補償）年金を受け得る者がない場合であって、すでに支給された年金の合計額が給付基礎日額の1000日分に満たないとき	給付基礎日額の1000日分の一時金（(2)の場合は、すでに支給した年金の合計額を差し引いた額）	**（遺族特別支給金）** 遺族の数にかかわらず、一律300万円 **（遺族特別一時金）** 算定基礎日額の1000日分の一時金（(2)の場合は、すでに支給した特別年金の合計額を差し引いた額）
葬祭料等（葬祭給付）		業務災害、複数業務要因災害又は通勤災害により死亡した方の葬祭を行うとき	315,000円に給付基礎日額の30日分を加えた額（その額が給付基礎日額の60日分に満たない場合は、給付基礎日額の60日分）	

※療養のため通院したときは、通院費が支給される場合があります。

保険給付の種類	こういうときは	保険給付の内容	特別支給金の内容
傷病（補償）等年金	業務災害、複数業務要因災害又は通勤災害による傷病が療養開始後1年6か月を経過した日又は同日後において次の各号のいずれにも該当するとき (1)傷病が治ゆ（症状固定）していないこと (2)傷病による障害の程度が傷病等級に該当すること	障害の程度に応じ、給付基礎日額の313日分から245日分の年金 　第1級　313日分 　第2級　277日分 　第3級　245日分	**（傷病特別支給金）** 障害の程度により114万円から100万円までの一時金 **（傷病特別年金）** 障害の程度により算定基礎日額の313日分から245日分の年金
介護（補償）等給付	障害（補償）等年金又は傷病（補償）等年金受給者のうち第1級の者又は第2級の精神・神経の障害及び胸腹部臓器の障害の者であって、現に介護を受けているとき	厚生労働省令で定める額	
二次健康診断等給付 ※船員法の適用を受ける船員及び特別加入者については対象外	事業主が行った直近の定期健康診断等（一次健康診断）において、次の(1)(2)のいずれにも該当することとなったとき (1)検査を受けた労働者が、血圧検査、血中脂質検査、血糖検査、腹囲又はBMI（肥満度）の測定のすべての検査において異常の所見があると診断されていること (2)脳血管疾患又は心臓疾患の症状を有していないと認められること	二次健康診断及び特定保健指導の給付 (1) 二次健康診断 　脳血管及び心臓の状態を把握するために必要な、以下の検査 　① 空腹時血中脂質検査 　② 空腹時血糖値検査 　③ ヘモグロビンA1c検査 　　（一次健康診断で行った場合には行わない） 　④ 負荷心電図検査又は心エコー検査 　⑤ 頸部エコー検査 　⑥ 微量アルブミン尿検査 　　（一次健康診断において尿蛋白検査の所見が疑陽性（±）又は弱陽性（＋）である者に限り行う） (2) 特定保健指導 　脳・心臓疾患の発症の予防を図るため、医師等により行われる栄養指導、運動指導、生活指導	

注）・表中の金額等は、令和6年4月1日現在のものです。
　・特別支給金は、労災保険法の社会復帰促進等事業の中の「被災労働者又はその遺族の援護を図るために必要な事業」として、労災保険給付に付加して支給されるものです。

精神障害の認定基準 改正のポイント

精神障害の認定基準改正のポイント

1 認定基準改正の背景

業務による心理的負荷を原因とする精神障害については、平成23年12月に策定された「心理的負荷による精神障害の認定基準について」に基づき労災認定が行われてきました。

そして、令和2年5月には、別表1「業務による心理的負荷評価表」（以下「別表1」といいます。）に「パワーハラスメント」を明示し、具体的出来事を明確化するなどの改正が行われ、その後、複数の会社等に雇用されている労働者の業務による心理的負荷に関して、すべての勤務先の業務を総合的に評価して判断することなどが明確化されました。

精神障害の労災保険給付請求件数は年々増加しており、この背景には、働き方の多様化が進み、労働者を取り巻く職場環境が変貌するといった社会情勢の変化や労働者の心身の健康に対する関心の高まりがあると考えられます。

こうした社会情勢の変化等を踏まえ、令和5年7月に取りまとめられた「精神障害の労災認定の基準に関する専門検討会報告書」を受けて、令和5年9月に「心理的負荷による精神障害の認定基準」が新たに改正されました。

（参考）精神障害の労災請求・支給決定件数

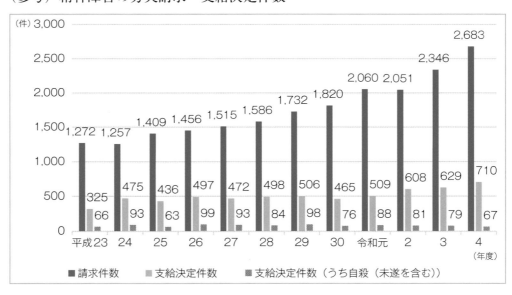

※資料出所　厚生労働省「精神障害の労災認定の基準に関する専門検討会報告書」

平成23年度に定められた認定基準以降の労災請求件数、支給決定件数をみますと、請求件数は増加傾向にあり、令和元年度以降は2,000件を超えています。

支給決定件数は、平成24年度以降、500件前後で推移していましたが、令和2年度に600件を超え、令和4年度は710件となっています。

2 認定基準改正のポイント

(1) 別表1 「業務による心理的負荷評価表」の見直し（次頁参照）

① 具体的出来事の追加や類似性の高い具体的出来事の統合等が行われました。

○**出来事の追加**

● 「顧客や取引先、施設利用者等から著しい迷惑行為を受けた」

（いわゆるカスタマーハラスメント）

● 「感染症等の病気や事故の危険性が高い業務に従事した」

○**出来事の統合等**

「転勤・配置転換等があった」　など

② 心理的負荷の強度が「弱」「中」「強」となる具体例を拡充

○パワーハラスメントの6類型すべての具体例、性的指向・性自認に関する精神的攻撃等を含むことなどが明記されました。

○一部の心理的負荷の強度しか具体例が示されていなかった具体的出来事について、他の強度の具体例が明記されました。

(2) 発病後の悪化に関する認定範囲の見直し

業務外で既に発病していた精神障害の悪化について、労災認定できる範囲が見直されました。

（変更前）

悪化前おおむね6か月以内に「特別な出来事」（特に強い心理的負荷となる出来事）がなければ業務と悪化との間の因果関係を認めていなかった

（変更後）

悪化前おおむね6か月以内に「特別な出来事」がない場合でも、「業務による強い心理的負荷」により悪化したと医学的に判断※されるときには、悪化した部分について業務と悪化との間の因果関係が認められる

※本人の個体側要因（悪化前の精神障害の状況）、業務以外の心理的負荷、悪化の態様・経緯等を十分に検討します。

(3) 医学意見の収集方法を効率化

速やかに労災決定ができるよう主治医意見の他に専門医による医学的意見の収集を必須とする範囲等が見直されました。

※認定基準の詳細については、第3章「精神障害の認定基準」で解説します。

業務による具体的出来事の統合等（新旧対照表）

出来事の類型	改正前			改正後		
	番号	具体的出来事	平均的な心理的負荷の強度	番号	具体的出来事	平均的な心理的負荷の強度
① 事故や災害の体験	1	（重度の）病気やケガをした	Ⅲ	1	業務により重度の病気やケガをした	Ⅲ
	2	悲惨な事故や災害の体験、目撃をした	Ⅱ	2	業務に関連し、悲惨な事故や災害の体験、目撃をした	Ⅱ
② 仕事の失敗、過重な責任の発生等	3	業務に関連し、重大な人身事故、重大事故を起こした	Ⅲ	3	業務に関連し、重大な人身事故、重大事故を起こした	Ⅲ
	4	会社の経営に影響するなどの重大な仕事上のミスをした	Ⅲ	4	多額の損失を発生させるなど仕事上のミスをした	Ⅱ
	5	会社で起きた事故、事件について、責任を問われた	Ⅱ	5	会社で起きた事故、事件について、責任を問われた	Ⅱ
	6	自分の関係する仕事で多額の損失等が生じた	Ⅱ		項目11に統合（項目4も参照）	
	7	業務に関連し、違法行為を強要された	Ⅱ	6	業務に関連し、違法な行為や不適切な行為等を強要された	Ⅱ
	8	達成困難なノルマが課された	Ⅱ	7	達成困難なノルマが課された・対応した・達成できなかった	Ⅱ
	9	ノルマが達成できなかった	Ⅱ		項目7に統合	
	10	新規事業の担当になった、会社の建て直しの担当になった	Ⅱ	8	新規事業や、大型プロジェクト（情報システム構築等を含む）などの担当になった	Ⅱ
	11	顧客や取引先から無理な注文を受けた	Ⅱ	9	顧客や取引先から対応が困難な注文や要求等を受けた	Ⅱ
	12	顧客や取引先からクレームを受けた	Ⅱ		項目9に統合	
	13	大きな説明会や公式の場での発表を強いられた	Ⅰ		項目10・11に統合	
	14	上司が不在になることにより、その代行を任された	Ⅰ	10	上司や担当者の不在等により、担当外の業務を行った・責任を負った	Ⅰ
③ 仕事の量・質	15	仕事内容・仕事量の（大きな）変化を生じさせる出来事があった	Ⅱ	11	仕事内容・仕事量の大きな変化を生じさせる出来事があった	Ⅱ
	16	1か月に80時間以上の時間外労働を行った	Ⅱ	12	1か月に80時間以上の時間外労働を行った	Ⅱ
	17	2週間以上にわたって連続勤務を行った	Ⅱ	13	2週間以上にわたって休日のない連続勤務を行った	Ⅱ
		（新規）		14	感染症等の病気や事故の危険性が高い業務に従事した	Ⅱ
	18	勤務形態に変化があった	Ⅰ	15	勤務形態、作業速度、作業環境等の変化や不規則な勤務があった	Ⅰ
	19	仕事のペース、活動の変化があった	Ⅰ		項目15に統合	
④ 役割・地位の変化等	20	退職を強要された	Ⅲ	16	退職を強要された	Ⅲ
	21	配置転換があった	Ⅱ	17	転勤・配置転換等があった	Ⅱ
	22	転勤をした	Ⅱ		項目17に統合	
	23	複数名で担当していた業務を1人で担当するようになった	Ⅱ	18	複数名で担当していた業務を1人で担当するようになった	Ⅱ
	24	非正規社員であるとの理由等により、仕事上の差別、不利益取扱いを受けた	Ⅱ	19	雇用形態や国籍、性別等を理由に、不利益な処遇等を受けた	Ⅱ
	25	自分の昇格・昇進があった	Ⅰ	20	自分の昇格・昇進等の立場・地位の変更があった	Ⅰ
	26	部下が減った	Ⅰ		項目11に統合	
	27	早期退職制度の対象となった	Ⅰ		項目16に統合	
	28	非正規社員である自分の契約満了が迫った	Ⅰ	21	雇用契約期間の満了が迫った	Ⅰ
⑤ パワーハラスメント	29	上司等から、身体的攻撃、精神的攻撃等のパワーハラスメントを受けた	Ⅲ	22	上司等から、身体的攻撃、精神的攻撃等のパワーハラスメントを受けた	Ⅲ
⑥ 対人関係	30	同僚等から、暴行又は（ひどい）いじめ・嫌がらせを受けた	Ⅲ	23	同僚等から、暴行又はひどいいじめ・嫌がらせを受けた	Ⅲ
	31	上司とのトラブルがあった	Ⅱ	24	上司とのトラブルがあった	Ⅱ
	32	同僚とのトラブルがあった	Ⅱ	25	同僚とのトラブルがあった	Ⅱ
	33	部下とのトラブルがあった	Ⅱ	26	部下とのトラブルがあった	Ⅱ
		（新規）		27	顧客や取引先、施設利用者等から著しい迷惑行為を受けた	Ⅱ
	34	理解してくれていた人の異動があった	Ⅰ		項目28に統合	
	35	上司が替わった	Ⅰ	28	上司が替わる等、職場の人間関係に変化があった	Ⅰ
	36	同僚等の昇進・昇格があり、昇進で先を越された	Ⅰ		項目19・28に統合	
⑦ セクシュアルハラスメント	37	セクシュアルハラスメントを受けた	Ⅱ	29	セクシュアルハラスメントを受けた	Ⅱ

精神障害の認定基準

第3章

精神障害の認定基準

1 精神障害の分類と発病のメカニズムや発病要因

(1) 精神障害の分類

　「精神障害」とは、一般的には、「精神の機能に支障が生じ、その人の平常の社会生活に困難を来した場合」ということができ、具体的には、「国際疾病分類第10回改訂版」の第Ⅴ章「精神および行動の障害」に分類される精神障害（以下「ICD－10第Ⅴ章」といいます。）です。

　統合失調症、躁うつ病などの精神障害のほか、さまざまな型の神経症、その他種類の異なる多くの心理的困難などを広く含みます。

●ICD－10　第Ⅴ章「精神および行動の障害」分類

分類コード	疾 病 の 種 類
F0	**症状性を含む器質性精神障害** （アルツハイマー病型認知症、血管性認知症、脳の損傷および機能不全ならびに身体疾患によるその他の精神障害等）
F1	**精神作用物質使用による精神および行動の障害** （アルコール、アヘン・大麻類、揮発性溶剤等の使用による精神および行動の障害）
F2	**統合失調症、統合失調型障害および妄想性障害** （統合失調症、急性一過性精神病性障害、感応性妄想性障害等）
F3	**気分（感情）障害** （躁病エピソード、躁うつ病、うつ病エピソード、反復性うつ病性障害、持続性気分（感情）障害等）
F4	**神経症性障害、ストレス関連障害および身体表現性障害** （恐怖症性不安障害、強迫性障害、重度ストレスへの反応および適応障害、身体表現性障害等）
F5	**生理的障害および身体的要因に関連した行動症候群** （摂食障害、非器質性睡眠障害、産褥に関連した精神および行動の障害等）
F6	**成人の人格および行動の障害** （特定の人格障害、習慣および衝動の障害、性同一性障害、性嗜好の障害等）
F7	**知的障害（精神遅滞）** （軽度・中等度・重度・最重度知的障害、その他の知的障害等）
F8	**心理的発達の障害** （会話・言語・学習能力・運動機能の特異的発達障害、広汎性発達障害等）
F9	**小児（児童）期および青年期に通常発症する行動および情緒の障害、詳細不明の精神障害** （多動性障害、行為障害、小児期（児童）に特異的に発症する情緒障害、チック障害等）

※　WHOでは、平成30年6月18日に国際疾病分類の第11回改訂版（ICD－11）を公表しておりますが、本書の発行時において、我が国では適用を検討中です。

(2) 精神障害の発病のメカニズム

　労働者は、さまざまな形で業務によるストレスを受けます。一方、ストレスを受ける側の労働者にもさまざまな個体側要因があって、ストレスの受け止め方は個人個人によって異なります。

　さらに、ストレスは業務のみでなく業務以外の要因として家族からの要求、対人関係、経済問題などさまざまなストレスがあります。

　一方において、これらのストレスを緩和させる要因として上司、同僚や家族、友人などからの社会的支援があります。それらの要求と支援が個体側要因と調和していれば問題は起こらないのですが、この調和が崩れたときにストレス反応が起こり、それが高じてさまざまな精神障害を発病します。

　このことを前提に精神障害の認定基準は、精神障害の発病に至る原因の考え方として「ストレス－脆弱性理論」に依拠しています。

　「ストレス－脆弱性理論」とは、環境由来のストレスと個体側の反応性、脆弱性との関係で精神的破綻が生じるかどうかが決まるという考え方で、ストレスが非常に強ければ、個体側の脆弱性が小さくても精神障害が起こるし、逆に脆弱性が大きければ、ストレスが小さくても破綻が生ずるというものです。

　この場合のストレス強度は、環境由来のストレスを多くの人が一般的にどう受け止めるかという客観的な評価に基づくものになります。下図の「ストレス－脆弱性」モデルは、aは個体の反応性・脆弱性が小さくても、ストレスが大きければ精神障害が発病することを現し、eはストレスが小さくても、個体側の反応性・脆弱性が大きければ同様に発病することを現しています。

　しかし、実際には、a・eのような両極端は少なくb・c・dに位置するものが多いとされ、両方の要素がからみあって発病するということで、おのおのの要因の関与の割合・程度を検証し業務上外の判断をすることになります。

● 「ストレス－脆弱性」モデル

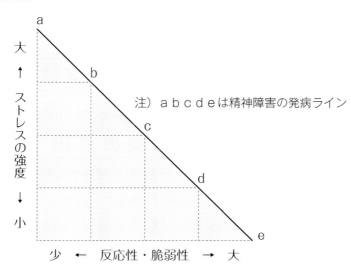

注）ａｂｃｄｅは精神障害の発病ライン

(3) 精神障害の発病要因

　　精神障害は様々なストレス要因が組み合わされて発病しますが、その要因を具体的に説明しますと次のとおりです。

①　業務によるストレス要因

　　業務によるストレス要因としては、㋐事故・災害の体験、㋑仕事の失敗や過重な責任の発生等、㋒仕事の量・質、㋓役割・地位の変化等、㋔パワーハラスメント、㋕対人関係、㋖セクシュアルハラスメントなどがあります。

②　業務以外のストレス要因

　　業務以外のストレス要因としては、㋐自分の出来事（離婚や配偶者との別居、病気やケガなど）、㋑自分以外の家族・親族の出来事（配偶者、子等の死亡・病気・ケガなど）、㋒金銭問題、㋓事件、事故、災害の体験（天災、火災、犯罪被害など）、㋔住環境の変化（騒音等の悪化、引越など）、他人との関係（友人とのトラブルなど）などがあります。

③　個体側要因

　　個体側要因としては、個人に内在している脆弱性・反応性であり、ストレスへの反応のしやすさとなります。

※既往の精神障害、治療中の精神障害、アルコール（薬物）依存状況等の存在が明らかな場合には、その内容等を調査することとなります。

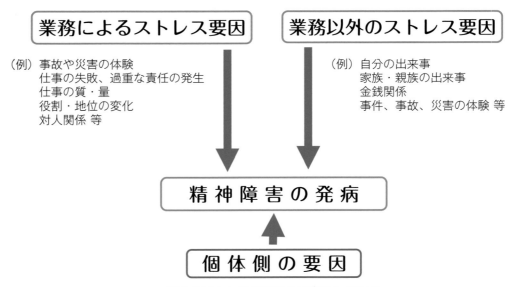

※既往や治療中の精神障害、アルコール依存状況等の存在が明らかな場合にはその内容等を調査します。

2　認定要件の基本的考え方

●業務上と労災認定される場合

1 認定基準の対象となる
精神障害を発病していること

2 認定基準の対象となる精神障害の発病前
おおむね6か月の間に、業務による強い
心理的負荷が認められること

3 業務以外の心理的負荷や個体側要因によ
り発病したとは認められないこと

1〜3すべての条件を
満たした場合

業務上疾病として
労災認定

　上記1〜3すべての要件を満たす疾病は、労基則別表1の2第9号（143頁参照）
に該当する業務上疾病として取り扱われます。

　2の「業務による強い心理的負荷」とは、業務による具体的出来事があり、
その出来事とその出来事後の状況が、労働者に強い心理的負荷を与えたことを
いいます。

　また、心理的負荷の強度は、精神障害を発病した労働者がその出来事とその
後の状況が持続する程度を主観的にどう受け止めたかではなく、職種、職場に
おける立場、職責、年齢、経験などが類似する同種の労働者が一般的にどう受
け止めるかという観点から評価します。

3　精神障害を発病しているか

(1) 対象疾病

　認定基準で対象とする疾病（以下「対象疾病」といいます。）は、ICD−
10第Ⅴ章（26頁参照）に分類される精神障害です。

　対象疾病のうち業務に関連して発病する可能性がある精神障害は、主とし
てICD−10第Ⅴ章のF2からF4に分類されています。

　その代表的なものは、うつ病エピソードなどのF3「気分（感情）障害」
や適応障害などのF4「神経症性障害、ストレス関連障害及び身体表現性障
害」などです。

　なお、認知症や頭部外傷などによるF0「症状性を含む器質性精神障害」
やアルコール、薬物などによるF1「精神作用物質使用による精神及び行動

の障害」は除きます。

　F 5 から F 9 は、主として個人の生育環境、生活環境などに基づくもので、業務との関連で発病することは少ないとされています。

　また、いわゆる「心身症」は、精神障害の一つと思われている面がありますが、その定義が「発病や経過に心理、社会的因子が密接に関与する身体疾患をいうが、神経症やうつ病など他の精神障害を伴う身体疾患は除外する」とされているため、認定基準の精神障害には含まれていません。

(2) 発病等の確認

　対象疾病の発病の有無や発病時期および疾患名は、「ICD － 10　第Ⅴ章　臨床記述と診断ガイドライン」（以下「診断ガイドライン」といいます。）に基づき、主治医の意見書や診療録等の関係資料、請求人や関係者からの聴取内容等から医学的に判断されます。

　また、治療歴のない自殺事案については、被災者が周囲の者に心身の不調を隠していたり、漏らしていなかったりすることがあり、うつ病エピソードのように症状に周囲が気づきにくい精神障害もあることから、発病の判断が難しい場合があります。

　しかし、自殺に精神障害が関与している場合が多いことから、診断ガイドラインに示す診断基準を満たすと推定できるかどうかについて医学的に判断します。

(3) 発病時期

　発病時期については、発病の確認と同様に診断ガイドラインに基づいて判断することとなりますが、他の疾病と異なり、精神障害は発病日まで特定することは難しい場合があります。

　そのような場合においても、労災認定に当たっては、発病の時期が出来事と発病との関係を解明する上できわめて重要となりますので、主治医等の医学的意見を踏まえて、できる限り発病時期の範囲を絞り込んで判断します。

　また、精神障害の治療歴のない自殺事案については、請求人や関係者からの聴取等から得られた認定事実を踏まえ、医学専門家の意見に基づいて発病時期が判断されます。その際、精神障害は発病していたと考えられるものの、診断ガイドラインに示す診断基準を満たした時期の特定が困難な場合には、遅くとも自殺日までには発病していたものと判断します。

　さらに、生死にかかわるケガ、強姦などの特に強い心理的負荷となる出来事を体験した場合は、出来事の直後に解離等の心理的反応が生じ、受診時期が遅れることがあります。

このような場合には、当該心理的反応が生じた時期（特に強い心理的負荷となる出来事の直後）を発病時期と判断して出来事を評価します。

4　業務による強い心理的負荷が認められるか

(1) 業務による出来事の評価期間

　精神障害については遡れば遡るほど出来事と発病との関連性を理解することが困難となること、生活上のさまざまな出来事によるストレスの程度と精神障害の発病等との関連についての調査および研究（ライフイベント調査）では6か月を調査期間としているものが多いこと、また、外傷後ストレス障害の診断ガイドラインでは「トラウマ後、数週から数か月にわたる潜伏期間（しかし6か月を超えることはまれ）を経て発症する」とされていることから、認定基準においても、原則として、精神障害の発病前おおむね6か月の出来事を対象としています。

　＜評価期間の留意点＞
　認定基準は、原則として、精神障害の発病前おおむね6か月の出来事を対象としていますが、当該期間における心理的負荷（出来事）を的確に評価するため、次の点に留意しています。
① 　ハラスメントやいじめのように出来事が繰り返されるものについては、繰り返される出来事を一体のものとして評価することとなりますので、精神障害の発病の6か月よりも前に出来事が開始され、6か月以内の期間にも継続している場合は、開始時からのすべての行為を評価の対象とします。
② 　出来事の起点が精神障害の発病の6か月より前であっても、その出来事（出来事後の状況）が継続している場合にあっては、発病前おおむね6か月の間における状況や対応について評価の対象とします。
　　　例えば、業務上の傷病により長期療養中の方が、その傷病の発生は精神障害の発病の6か月より前であっても、その傷病によって精神障害の発病前おおむね6か月の間に生じている強い苦痛や社会復帰が困難な状況等を出来事として評価します。

(2) 業務による心理的負荷の強度の評価

　精神障害の発病前おおむね6か月の間に、対象疾病の発病に関与したと考えられる業務によるどのような出来事があって、また、その後の状況がどの

ようなものであったのかを具体的に把握します。

　次に、それらによる心理的負荷の強度はどの程度であるかについて、別表１（38頁参照）を指標とし、「出来事」と「出来事後の状況」を一括して心理的負荷の強度を「弱」「中」「強」の３段階で評価します。

　具体的には、以下の(3)から(6)のとおり評価し、総合評価が「強」と評価される場合には、認定要件の一つである「対象疾病の発病前おおむね６か月の間に、業務による強い心理的負荷が認められること」を満たすこととなります。

　別表１の「心理的負荷の強度を「弱」「中」「強」と判断する具体例」には、どのような場合に「弱い心理的負荷」と評価されるのか、どのような場合に「強い心理的負荷」と評価されるのかなど、心理的負荷の「弱」「中」「強」のそれぞれについて、具体的な例が示されています。

　例えば、項目17の具体的出来事「転勤・配置転換等があった」でいいますと、転勤・配置転換等により対人関係、仕事の内容等の様々な変化に対応しなければならないことによる心理的負荷を評価する項目で、平均的な心理的負荷の強度は中程度である「Ⅱ」となります。

　そのうち「心理的負荷の強度を「弱」「中」「強」の具体例」で示されているとおり、「転勤先は初めて赴任する外国であって現地の職員との会話が不能、治安状況が不安といったような事情から転勤後の業務遂行に著しい困難を伴った」、「配置転換後の業務が、過去に経験した業務と全く異なる質のものであり、これに対応するのに多大な労力を費やした」などの場合は「強」となり、逆に、「以前に経験した場所・業務である等、勤務・配置転換等の後の業務が容易に対応できるものであり、変化後の業務の負荷が軽微であった」場合は「弱」となります。

　この項目は、職種、職務の変化の程度、転勤・配置転換等の理由・経緯、単身赴任の有無、海外の治安の状況、業務の困難性、能力・経験と業務内容のギャップ、その後の業務内容、業務量の程度、職場の人間関係などについて、個々の事案で認定した事実をもとに総合評価し、心理的負荷の強度を判断します。

<一般的な強度の考え方>
「弱」　日常的に経験するものや一般に想定されるもの等で、例えば「ごく軽い叱責を受けた」など、一般的に弱い心理的負荷しか認められないもの
「中」　経験の頻度は様々であって、「弱」よりは心理的負荷があるものの、

　　　　対象疾病を発病させるおそれがある程度まで強い心理的負荷とは認
　　　　められないもの
「強」　業務による強い心理的負荷が認められるもの

(3)「特別な出来事」に該当する出来事がある場合

　発病前おおむね6か月の間に、別表1（38頁参照）の「特別な出来事」に
該当する出来事が認められたときは、出来事自体の心理的負荷が極めて大きく、
出来事後の状況にかかわらず、心理的負荷の総合評価を「強」と判断します。
　「特別な出来事」とは、次のようなものが該当します。

① 心理的負荷が極度のもの

　・生死にかかわる、極度の苦痛を伴う、または永久労働不能となる後遺障
　　害を残す業務上の病気やケガをした（業務上の傷病による療養中に症状
　　が急変し極度の苦痛を伴った場合も含む）
　・業務に関連し、他人を死亡させ、または生死にかかわる重大なケガを負
　　わせた（故意によるものは除く）
　・強姦や、本人の意思を抑圧して行われたわいせつ行為※などのセクシュ
　　アルハラスメントを受けた
　・その他、これらに準ずる程度の心理的負荷が極度と認められるもの

※「本人の意思を抑圧して行われたわいせつ行為」とは、被害者が抵抗したにもかか
わらず強制的にわいせつ行為がなされた場合や、被害者が抵抗しなかった（できな
かった）場合であっても、行為者が優位的立場を利用するなどして、物理的・精神
的な手段によって被害者の意思を抑圧してわいせつ行為が行われた場合を意味します。
着衣の上から行われたものであってもこれに該当する場合はあり得ます。

② 極度の長時間労働

　　詳細は38頁参照

(4)「特別な出来事」に該当する出来事がない場合

　「特別な出来事」（上記(3)参照）に該当する出来事がない場合は、次の手
順により心理的負荷の総合評価を行い、「弱」「中」「強」に評価します。

① 「具体的出来事」への当てはめ

　発病前おおむね6か月の間に認められた業務による出来事が、別表1の
「具体的出来事」のどれに該当するかを判断します。
　実際の出来事が別表1（38頁参照）の「具体的出来事」に合致しないと
きは、どの「具体的出来事」に近いかを類推して評価します。
　なお、別表1では「具体的出来事」ごとの平均的な心理的負荷の強度を

弱い方から「Ⅰ」「Ⅱ」「Ⅲ」の3段階で示されています。

 Ⅰ 日常的に経験するものや一般的に想定されるもの等であって通常弱い心理的負荷

 Ⅱ ⅠとⅢの中間に位置する心理的負荷

 Ⅲ 人生の中でまれに経験することもある強い心理的負荷

② **出来事の心理的負荷の総合評価**

　該当する「具体的出来事」に示された具体例の内容に、認定した「出来事」や「出来事後の状況」についての事実関係が合致する場合は、その強度で評価します。

　事実関係が具体例に合致しないときは「具体的出来事」ごとに示されている「心理的負荷の総合評価の視点」および「総合評価の留意事項」に基づき、「心理的負荷の強度を「弱」「中」「強」と判断する具体例」も参考にしつつ評価をします。

<u>※「心理的負荷の総合評価の視点」や「具体例」の考え方については、別表1の「具体的出来事」の項目（1〜29）ごとに解説しますので、46頁を参照してください。</u>

（総合評価の留意事項）

○　出来事の総合評価に当たっては、出来事それ自体と、当該出来事の継続性や事後対応の状況、職場環境の変化などの出来事後の状況の双方を十分に検討し、例示されているもの以外であっても出来事に伴って発生したと認められる状況や、当該出来事が生じるに至った経緯等も含めて総合的に考慮して、当該出来事の心理的負荷の程度を判断します。

○　職場の支援・協力が欠如した状況であること（問題への対処、業務の見直し、応援体制の確立、責任の分散その他の支援・協力がなされていない等）は、総合評価を強める要素となります。

○　仕事の裁量性が欠如した状況であること（仕事が孤独で単調となった、自分で仕事の順番・やり方を決めることができなくなった、自分の技能や知識を仕事で使うことが要求されなくなった等）は、総合評価を強める要素となります。

---

(5) 出来事が複数ある場合の全体評価

①　(3)、(4)によりそれぞれの出来事について総合評価を行い、いずれかの出来事が「強」の評価となる場合は、業務による心理的負荷を「強」と評価します。

②　いずれの出来事でも単独では「強」の評価とならない場合は、それらの複数の出来事について、関連して生じているのか、関連なく生じているの

かを判断します。

ア 出来事が関連して生じている場合には、その全体を一つの出来事として評価します。この場合、原則として最初の出来事を「具体的出来事」として別表1（38頁参照）に当てはめ、関連して生じた各出来事は出来事後の状況とみなす方法により、その全体評価を行います。

　具体的には、「中」である出来事があり、それに関連する別の出来事（それ単独では「中」の評価）が生じた場合には、後発の出来事は先発の出来事の出来事後の状況とみなし、当該後発の出来事の内容、程度により「強」または「中」として全体を評価します。

イ 一つの出来事のほかに、それとは関連しない他の出来事が生じている場合には、主としてそれらの出来事の数、各出来事の内容（心理的負荷の強弱）、各出来事の時間的な近接の程度をもとに、その全体的な心理的負荷を評価します。

　具体的には、単独の出来事の心理的負荷が「中」である出来事が複数生じている場合には、全体評価は「中」または「強」となります。また、「中」の出来事が一つあるほかには「弱」の出来事しかない場合には原則として全体評価も「中」であり、「弱」の出来事が複数生じている場合には原則として全体評価も「弱」となります。

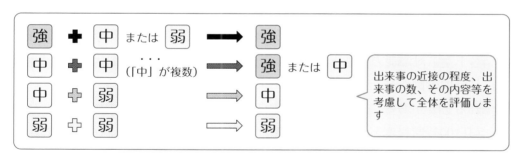

(6) 長時間労働がある場合の評価

　長時間労働が認められる場合は、時間外労働時間数（週40時間を超える労働時間数をいいます。）を基準に評価します。

　なお、業務による強い心理的負荷は、長時間労働だけでなく、仕事の失敗、過重な責任の発生、役割・地位の変化や対人関係等、様々な出来事やその後の状況によっても生じることから、この時間外労働時間数の基準に至らない場合にも、時間数のみにとらわれることなく、前記(3)、(4)、(5)により心理的負荷の強度を適切に判断することとなります。

① 「特別な出来事」としての「極度の長時間労働」

　数週間にわたる生理的に必要な最小限度の睡眠時間を確保できないほど

の極度の長時間労働は、心身の極度の疲弊、消耗を来し「うつ病」等の原因となることから、発病直前の1か月におおむね160時間を超える時間外労働を行った場合、あるいは、3週間におおむね120時間以上の時間外労働を行った場合は、「極度の長時間労働」として、それだけで心理的負荷の総合評価を「強」とします。

② 「具体的出来事」としての長時間労働

　　長時間労働以外に特段の出来事がない場合には、長時間労働となった状況それ自体を「出来事」としてとらえ、項目12「1か月に80時間以上の時間外労働を行った」の「具体的出来事」に当てはめて心理的負荷を評価します。

　　例えば、発病直前の連続した2か月間に、1月当たりおおむね120時間以上、あるいは、発病直前の連続した3か月間に、1月当たりおおむね100時間以上の時間外労働を行い、その業務内容が通常その程度の労働時間を要するものであった場合は、「強」と評価します。

　　なお、この項目は労働時間数がそれ以前と比べて増加していることは必要な条件ではありません。

　　また、この項目で「強」と判断できる場合には、他の出来事があっても、この項目でも評価し、全体評価を「強」とします。

③ 恒常的長時間労働が認められる場合の総合評価

　　出来事に対処するために生じた長時間労働は、心身の疲労を増加させ、ストレス対応能力の低下、精神障害の準備状態を形成する要因となるため、長時間労働が続く中で発生した出来事の心理的負荷は平均より強く評価される必要があることから、出来事自体の心理的負荷と恒常的な長時間労働（月100時間程度となる時間外労働）を組み合わせて総合評価を行います。

　　具体的には、

ア 「中」程度の出来事の後に月100時間程度の恒常的な時間外労働が認められる場合

イ 「中」程度の出来事の前に月100時間程度の恒常的な時間外労働が認められ、出来事後おおむね10日以内に発病した場合、または、出来事後すぐには発病していないが、事後対応に多大な労力を費やし、その後発病した場合

ウ 「弱」程度の出来事の前後に、それぞれ月100時間程度の恒常的な時間外労働が認められる場合

には、心理的負荷の総合評価を「強」とします。

　　なお、出来事の前の恒常的な長時間労働の評価期間は、発病前おおむね6か月の間です。

▶時間外労働時間数と［強］

	6月前	5月前	4月前	3月前	2月前	1月前	発病	
						おおむね120時間以上（3週間）		極度の長時間労働 ［強］
						おおむね160時間超（1月）		極度の長時間労働 ［強］
					おおむね120時間/月以上（2月）			項目12 長時間労働 ［強］
				おおむね100時間/月以上（3月）				項目12 長時間労働 ［強］
		出来事前［中］			出来事後（100時間/月程度）			①恒常的長時間労働 ［強］
		出来事前（100時間/月程度）			出来事［中］（10日以内に発病等）			②恒常的長時間労働 ［強］
	出来事前（100時間/月程度）			出来事［弱］		出来事後（100時間/月程度）		③恒常的長時間労働 ［強］
			仕事量の大きな変化（倍以上増加し、100時間/月以上）					項目11 出来事 ［強］

別表1　業務による心理的負荷評価表

特別な出来事

特別な出来事の類型	心理的負荷の総合評価を「強」とするもの
心理的負荷が極度のもの	・生死にかかわる、極度の苦痛を伴う、又は永久労働不能となる後遺障害を残す業務上の病気やケガをした（業務上の傷病により療養中に症状が急変し極度の苦痛を伴った場合を含む）　…項目1関連 ・業務に関連し、他人を死亡させ、又は生死にかかわる重大なケガを負わせた（故意によるものを除く）　…項目3関連 ・強姦や、本人の意思を抑圧して行われたわいせつ行為などのセクシュアルハラスメントを受けた　…項目29関連 ・その他、上記に準ずる程度の心理的負荷が極度と認められるもの
極度の長時間労働	・発病直前の1か月におおむね160時間を超えるような、又はこれに満たない期間にこれと同程度の（例えば3週間におおむね120時間以上の）時間外労働を行った　…項目12関連

特別な出来事以外

（総合評価の留意事項）
・出来事の総合評価に当たっては、出来事それ自体と、当該出来事の継続性や事後対応の状況、職場環境の変化などその出来事後の状況の双方を十分に検討し、例示されているもの以外であっても出来事に伴って発生したと認められる状況や、当該出来事が生じるに至った経緯等を含めて総合的に考慮して、当該出来事の心理的負荷の程度を判断する。
・職場の支援・協力等が欠如した状況であること（問題への対処、業務の見直し、応援体制の確立、責任の分散などがなされていない等）は、総合評価を強める要素となる。
・仕事の裁量性が欠如した状況であること（仕事が孤独で単調となった、自分で仕事の順番・やり方を決めることができなくなった、自分の技能や知識を仕事で使うことが要求されなくなった等）は、総合評価を強める要素となる。

（具体的出来事）

出来事の類型	具体的出来事	平均的な心理的負荷の強度 I	II	III	心理的負荷の総合評価の視点	心理的負荷の強度を「弱」「中」「強」と判断する具体例 弱	中	強
1 事故や災害の体験	① 業務により重度の病気やケガをした			☆	・病気やケガの内容及び程度（苦痛や日常生活への支障の状況を含む）等 ・その継続する状況（苦痛や支障を含む） ・死の恐怖、事故等を再度体験することへの恐怖、失望・狼狽の状況の程度（回復の期待・失望等の状況を含む） ・後遺障害の程度、社会復帰の困難度等	【「弱」になる例】 ・休業を要さない又は数日程度の休業を要するものであって、後遺障害を残さない業務上の病気やケガをした	【「中」になる例】 ・短期間の入院を要する業務上の病気やケガをした ・業務上の病気やケガで療養中であるが、一部に支障を残しても、現職への復帰ができなくなった後遺障害を残すようなものでなかった	【「強」である例】 ・長期間の入院を要する業務上の病気やケガをした ・大きな後遺障害を残すような（労災の障害年金に該当する、現職への復帰ができなくなる、外形的に明らかで日常生活にも支障を来すなどの）業務上の病気やケガをした ・業務上の病気やケガで療養中の者について、当該傷病により社会復帰より社会復帰が困難な状況にあった、死の恐怖や強い苦痛が生じた （注）生死にかかわる等の業務上の病気やケガは、特別な出来事として評価
2	② 業務に関連し、悲惨な事故や災害の体験、目撃をした		☆		・本人が体験した場合、予感させる被害の内容及び程度、死の恐怖、死へのことへの恐怖 ・他人の事故を目撃した場合、被害の内容及び程度、被害者との関係、本人が救災していた可能性や救助できた可能性	【「弱」になる例】 ・業務に関連し、本人の負傷は軽度・無傷で、悲惨とまではいえない事故等の体験、目撃をした	【「中」である例】 ・業務に関連し、本人の負傷は軽度・無傷で、生命等に支障はないような悲惨な事故等の体験、目撃をした ・特に悲惨な事故であって、本人が巻き込まれる可能性がある状況や、本人が被災者を救助することができたかもしれない状況を伴う事故等を目撃した	【「強」である例】 ・業務に関連し、本人の負傷は軽度であったが、自らの死を予感させる程度の事故等を体験した ・業務に関連し、あるいは重大な傷病を招かない程度の事故ではあったが、多量の出血を伴うような事故等の出血を伴う事故等を目撃した

番号・出来事	☆	心理的負荷の総合評価の視点	【弱になる例】	【中になる例】	【強になる例】
② 仕事の失敗、過重な責任の発生等					
3 業務に関連し、重大な人身事故、重大事故を起こした	☆	・事故の内容、大きさ・重大性、社会的反響の大きさ、加害の程度等 ・ペナルティ、責任追及の有無及び程度、事後対応の困難性、職場の人間関係、職場の支援・協力の有無及び内容等 (注)本人に過失がない場合も含む。	【弱になる例】 ・軽微な物損事故を生じさせたが特段の責任追及・事後対応はなかった ・軽微な物損事故を生じさせ、再発防止のための対応等を行った	【中である例】 ・他人に負わせたケガの程度は重度ではないが、事後対応に一定の労力を要した（強い叱責、事後対応の困難性を含む）	【強になる例】 ・業務に関連し、他人に重度の病気やケガ（項目1参照）を負わせ、事後対応に当たった ・後遺障害を残すようなケガの程度は重度で、事後対応に多大な労力を費やした（減給、降格等の重いペナルティを課された、職場の人間関係が著しく悪化した等を含む） (注)他人を死亡させる等の事故は、特別な出来事として評価
4 多額の損失を発生させるなど仕事上のミスをした	☆	・ミスやその結果（損失、損害等）の内容、大きさ・程度、社会的反響の大きさ等 ・ペナルティ、責任追及の有無及び程度、事後対応の困難性、職場の人間関係、職場の支援・協力の有無及び内容等	【弱になる例】 ・軽微な仕事上のミスをしたが、通常想定される指導等を受けたほかは、特段の事後対応は生じなかった ・軽微な仕事上のミスをし、再発防止のための対応等を行った ・多額とはいえない損失（その後容易に回復できる損失、社内でたびたび生じる損失等）等を生じさせ、何らかの事後対応を行った	【中である例】 ・会社に大きな損害を与えるなどの重大な仕事上のミスをしたほかは、特段の事後対応は生じなかった ・業務上製造する製品の品質に大きく影響する、取引先との関係に大きく影響するなどのミスをし、事後対応にも当たった（取引先からの叱責、ペナルティを課されたこと等を含む） ・多額の損失等を生じさせ、何らかの事後対応を行った	【強になる例】 ・会社の経営に影響するなどの重大な仕事上のミス（倒産を招きかねないミス、大幅な業績悪化に繋がるミス等）をし、事後対応にも当たった ・会社の経営に影響するなどの重大な仕事上のミスではないが、事後対応に多大な労力を費やした（懲戒処分、降格、月給額を超える賠償責任の追及等重いペナルティが課された、職場の人間関係が著しく悪化した等を含む）
5 会社で起きた事故、事件について、責任を問われた	☆	・事故、事件の内容、程度、社会的反響の大きさ等 ・ペナルティ・責任追及の有無及び程度、その後の業務内容・業務量の程度、職場の人間関係、職場の支援・協力の有無及び内容等 (注)この項目は、部下が起こした事故・事件、本人が直接引き起こしたものではない事故、事件について、監督責任等を問われた場合の心理的負荷を評価する。本人が直接引き起こした事故、事件については、項目4で評価する。	【弱になる例】 ・軽微な事故、事件（損害等の生じない事態、その後の業務で容易に回復できる損害等）の責任（監督責任等）を問われ、何らかの事後対応を行った	【中である例】 ・立場や職責に応じて、事件（損害等）の責任（監督責任等）を問われ、何らかの事後対応を行った	【強になる例】 ・重大な事故、事件（倒産を招きかねない事態や大幅な業績悪化に繋がる事態、人を死亡させる、又は生死に関わるケガを負わせる事故、会社の信用を著しく傷つける事故等）の責任（監督責任等）を問われ、事後対応に多大な労力を費やした ・重大とまではいえない事故、事件ではあるが、その責任（監督責任等）を問われ、立場や職責を大きく超える事後対応を行った（減給、降格等の重いペナルティが課された等を含む）
6 業務に関連し、違法行為を強要された	☆	・違法性の程度、強要の程度（頻度、方法）、本人の拒否の状況等、本人への関与の程度等 ・事後のペナルティの程度、その後の業務内容・業務量の程度、職場の人間関係、職場の支援・協力の有無及び内容等	【弱になる例】 ・業務に関連し、商習慣としてはまれに行われるような違法行為に行われる不適切とされる行為、社内で禁止されている行為、言動等を求められたが、拒むことにより終了した	【中である例】 ・業務に関連し、商習慣としてはまれに行われるような違法行為、不適切な行為、言動等を求められたが、拒むことにより終了した	【強になる例】 ・業務に関連し、重大な違法行為（人の生命に関わる違法行為、発覚した場合に会社の信用を著しく傷つける違法行為）を命じられた ・業務に関連し、反対したにもかかわらず、違法行為等を執拗に命じられ、やむなくそれに従った ・業務に関連し、重大な違法行為を命じられ、何らかの事後対応を行った ・業務に関連し、強要された違法行為等が発覚し、事後対応に多大な労力を費やした（重いペナルティを課された等を含む）

出来事の類型	具体的出来事	平均的な心理的負荷の強度			心理的負荷の総合評価の視点	心理的負荷の強度を「弱」「中」「強」と判断する具体例		
		I	II	III		弱	中	強
②仕事の失敗、過重な責任の発生等	7 達成困難なノルマが課された・対応した・達成できなかった、重大な仕事上の失敗・対応した・達成できなかった、過重な責任の発生等が発生した		☆		・ノルマの内容、困難性、強制の程度、達成できなかった場合の影響、ペナルティの有無及び内容等 ・ノルマ達成に対応するための業務内容・業務量の程度、職場の人間関係、ペナルティの有無及び内容等 ・未達成及びその後の経営上の影響度、その後の業務内容、業務量の程度、職場の人間関係、職場の支援・協力の有無及び内容等 (注)ノルマには、達成が強く求められる業績目標等を含む。 また、未達成については、期限に至っていない場合でも、達成できない状況が明らかになったときにはこの項目で評価する。 (注)パワーハラスメントに該当する場合は、項目22で評価する。	【「弱」になる例】 ・同種の経験等を有する労働者であれば達成可能なノルマが課された ・ノルマではない業務目標が示されたが、達成を強く求められるものではなかった ・ノルマが達成できなかったが、何らかの事後対応は必要なく、会社から責任を問われること等もなかった	【「中」である例】 ・達成は容易ではないものの、客観的にみて、努力すれば達成可能なノルマが課され、この達成に向けた業務を行った（当該ノルマが、達成できなくても、経営上の影響もなく、ペナルティもない場合） ・ノルマではない業務目標が課され、この達成に向けた業務を行った ・ノルマが達成できなかったことにより一定の事後対応を行った	【「強」になる例】 ・客観的に相当な努力があっても達成困難なノルマが課され、これが達成できない場合には著しい不利益を被ることが明らかで、その達成に向けた多大な労力を費やした ・経営に影響するようなノルマ（達成できなかったことにより倒産を招きかねないもの、大幅な業績悪化につながるもの、会社の信用を著しく傷つけるもの等）が達成できず、事後対応に多大な労力を費やした（懲戒処分、降格、左遷、賠償責任の追及といった重いペナルティを課された等を含む） ・客観的に相当な努力があっても達成困難なノルマが達成できず、事後対応にも多大な労力を費やした（重いペナルティを課された等を含む）
	8 新規事業等（新規事業、大型プロジェクト（情報システム構築等）など）の担当になった		☆		・新規事業等の内容、本人の職責、困難性の程度、新規性の程度、その後の業務内容、業務量の程度、職場の人間関係、職場の支援・協力の有無及び内容等	【「弱」になる例】 ・軽微な新規事業（新規事業とはいえないもの、期限が定められていないもの等）の担当になった	【「中」である例】 ・新規事業等（新規・大型プロジェクト、新規研究開発、新規出店等）、大型システム導入、会社全体や不採算部門の建て直し等、成功に対する高い評価が期待され、やりがいも大きいがその責任も大きい業務の担当になり、当該業務に当たった	【「強」になる例】 ・経営に重大な影響のある新規事業等（失敗した場合に倒産を招きかねないもの、大幅な業績悪化につながるもの、会社の信用を著しく傷つけるもの等）の担当であって、事業の成否に重大な責任のある立場で、当該業務に当たった
	9 顧客や取引先から無理な注文や対応が困難な注文や要求等を受けた		☆		・顧客・取引先の重要性、注文・要求・指摘の内容、会社の被る負担・損害の程度等 ・事後対応の困難性、職場の人間関係、職場の支援・協力の有無及び内容等 (注)ここでいう要求等とは、契約に付帯して商慣習上あり得る要求や、納品等における指摘等をいう。 また、顧客等からの指摘等が本人に対する著しい迷惑行為である場合は、項目27で評価する。	【「弱」になる例】 ・同種の経験等を有する労働者であれば達成可能な注文を出され、その後の業務内容・業務量に一定の変更があった ・要求が示されたが、達成を強く求められるものではなく、業務内容・業務量に大きな変化もなかった	【「中」である例】 ・業務に関連して、顧客や取引先から無理な注文（大幅な値下げや納期の繰上げ、度重なる設計変更等）を受け、何らかの事後対応を行った ・業務に関連して、顧客等からの納品物の不適合の指摘その他の指摘を受けた ・業務に関連して、顧客等から対応が困難な要求等を受け、その対応を行った	【「強」になる例】 ・通常なら拒むことが明らかな注文（業績の著しい悪化が予想される注文、無理な注文）ではあるが、重要な顧客や取引先との取引のために受け、他部門や別の取引先と困難な調整に当たった ・顧客や取引先（大口の顧客等）から重大なクレーム（会社の信用を著しく傷つけるもの等）を受け、その解消のために他部門や別の取引先と困難な調整に当たった

No.	具体的出来事	心理的負荷の総合評価の視点	【弱】になる例	【中】になる例	【強】になる例
② 仕事の失敗、過重な責任等の発生 **10** 上司や担当者の不在等により、担当外の業務を行った・責任を負った ☆		・担当外の業務の内容、責任、業務の程度、本来業務との関係、能力・経験、職場の人間関係、職場の支援・協力の有無及び内容等 ・代行期間等	【「弱」である例】 ・上司等の不在時に上司等が担当していた業務を代行したが、当該業務は以前から経験しているものであった。 ・上司等の不在時に自らが当該業務の責任者の立場となったが、特に責任ある判断を求められる事態や追加の業務が生じる事態は生じなかった	【「中」になる例】 ・上司が長期間不在となり、各労働者との調整が必要なシフト表の作成、本来の不在者の立場もある責任ある業務も生じたが、特に責任を求められる事態や追加の業務が生じる事態は生じなかった	【「強」になる例】 ・上司等の急な欠員により、能力・経験に比して高度かつ困難な担当外の業務・重大な責任のある業務を長期間担当することを余儀なくされ、当該業務の遂行に多大な労力を費やした
③ 仕事の量・質 **11** 仕事内容・仕事量の大きな変化を生じさせる出来事があった ☆		・業務の内容、困難性、能力・経験・協力の有無及び内容等の変化とその程度・変化の有無及び内容等 ・時間外労働、休日労働、勤務時間インターバルの状況等 ・業務の密度の変化の程度、仕事内容、責任の変化の程度、仕事内容の変化の原因に係る社会的な反響の大きさ等 (注)発病前おおむね6か月において、時間外労働がみられる場合には、他の項目で評価される場合でも、この項目でも評価する。	【「弱」である例】 ・仕事内容の変化が容易に対応できるもの（※）であり、変化後の業務の負担も大きくなかった (※)仕事量（時間外労働時間数等）、仕事の量・質の変化の程度が「中」に至らない程度をいう	【「中」になる例】 ・担当業務内容の変更、初めて担当する業務や業務の実施、損失やトラブルの発生への対応等により、仕事内容の大きな変化が生じた ・取引量の急増、担当者の減少等により、仕事量の大きな変化（時間外労働時間数としてはおおむね20時間以上増加し1月当たりおおむね45時間以上となる）などがあった	【「強」になる例】 ・過去に経験したことがない仕事内容・能力・経験に比して質的に高度かつ困難な仕事内容等に変更となり、常時緊張を強いられる状態となった（おおむね以上増える等の状況になり、業務内容が著しく増加して時間外労働が大幅に増える）（休憩・休日を確保するのが困難なほどの状態となる等を含む）
12 1か月に80時間以上の時間外労働を行った ☆		・業務の困難性、職場の支援・協力等の内容等 ・業務の密度、長時間労働の継続期間、勤務時間インターバルの状況等 (注)発病前おおむね2、3か月において、1か月におおむね80時間以上の時間外労働が認められる場合には、他の項目には該当しない場合でも評価する。	【「弱」になる例】 ・1か月におおむね80時間未満の時間外労働を行った (注)他の項目で労働時間の状況が評価されない場合を評価する。	【「中」である例】 ・1か月におおむね80時間以上の時間外労働を行った	【「強」になる例】 ・発病直前の連続した2か月間に、1月当たりおおむね120時間以上の時間外労働を行った ・発病直前の連続した3か月間に、1月当たりおおむね100時間以上の時間外労働を行った (注)発病直前の1か月におおむね160時間を超える等の極度の長時間労働は、特別な出来事として評価
13 2週間以上にわたって休日のない連続勤務を行った ☆		・業務の困難性、能力・経験と業務内容のギャップ等、職場の支援・協力等 ・業務の密度、業務内容、責任等、これらの変化の程度等 ・連続勤務期間、労働時間数、勤務時間インターバルの状況等	【「弱」になる例】 ・休日出勤により連続勤務となったが、休日のない業務により連続勤務となったが、休日の労働時間が特に短いものであった（いずれも、1日当たりの労働時間が特に短い場合を除く）	【「中」である例】 ・平日の時間外労働だけではこなせない業務量がある、休日に対応しなければならない業務が生じた等の事情により、休日労働を行った	【「強」になる例】 ・1か月以上にわたって連続勤務を行った ・2週間以上にわたって連続勤務を行い、その間、連日、深夜時間帯に及ぶ時間外労働を行った（いずれも、1日当たりの労働時間が特に短い場合を除く）

出来事の類型	具体的出来事	平均的な心理的負荷の強度			心理的負荷の総合評価の視点	心理的負荷の強度を「弱」「中」「強」と判断する具体例		
		I	II	III		弱	中	強
③仕事の量・質	14 感染症等の病気や事故の危険性が高い業務に従事した			☆	・業務の内容（ばく露のおそれがある病原体・化学物質等の有害因子の性質、危険性等を含む）、能力・経験と業務内容のギャップ、職場の支援・協力（教育訓練の状況や防護・災害防止対策の状況等）の有無及び内容等 ・当該業務に従事する経緯、その予測の程度、当該業務の継続期間等	【「弱」になる例】 ・重篤ではない感染症や事故の危険性がある業務や事故の危険性がある業務に従事した ・感染症等の病気や事故の危険性があるが、防護等の対策の負担は大きいものではなかった	【「中」になる例】 ・感染症等の病気や事故の危険性が高い業務に従事し、これを含む業務内容であったが、確立した対策を実施することにより職員等のリスクは低減されていた	【「強」になる例】 ・新興感染症の感染の危険性が高い業務等に急遽従事することとなり、防護対策を試行錯誤しながら実施する中で、施設内における感染等の被害拡大も生じ、死の恐怖等を感じつつ業務を継続した
	15 勤務形態、作業速度、作業環境等の変化や不規則な勤務があった		☆		・交替制勤務、深夜勤務等、勤務形態の変化の内容、変化の程度、変化に至る経緯等 ・作業速度（仕事のペース）、温度、湿度、騒音、照明、臭気、換気、作業環境の変化の程度、変化後の状況等 ・勤務の不規則な程度、一般的な日常生活、労働者の過去の経験とのギャップ、深夜勤務や勤務間インターバルの状況等	【「弱」である例】 ・日勤から夜勤、交替制勤務・業務内容・業務量等に変更があったが、変化は大きくなかった ・自分の勤務形態がテレワークになった。部下、上司、同僚等のテレワークの利用が多かった	【「中」になる例】 ・客観的に夜勤への対応が困難な事情がある状況下にもかかわらず頻回の夜勤を含む勤務に変更となり、睡眠時間が不規則な状況となった	【「強」になる例】 ・勤務形態が頻回の急な変更により著しく不規則となり、その予測も困難であって、生理的に必要な睡眠時間を確保できない状況となり、かつこれが継続した
④役割・地位の変化等	16 退職を強要された			☆	・退職強要・退職勧奨に至る理由・経過、退職強要等の態様、強要の程度、職場の人間関係等 ・解雇に至る理由・経過、解雇通告後の説明の態様、職場の人間関係等 （注）ここでいう「解雇」には、労働契約上の形式上期間を定めて雇用されているような者であっても、当該契約が期間の定めのない契約と実質的に異ならない状態となっている場合の雇止めの通知を含む。	【「弱」になる例】 ・退職勧奨が行われたが、退職強要とはいえず、断ることによって終了し、職場の人間関係への悪影響もなかった	【「中」になる例】 ・強い退職勧奨（早期退職制度の強い利用勧奨を含む）が行われたが、その方法、頻度等からして強要とはいえないものであった	【「強」になる例】 ・退職の意思のないことを表明しているにもかかわらず、長時間にわたり又は威圧的な方法等により、執拗に退職を求められた ・突然解雇の通告を受け、何ら理由が説明されることなく又は説明された理由が明らかに不合理であり、更なる説明を求めても応じられることもなかった
	17 転勤・配置転換等があった		☆		・職種、職務の変化の程度、転勤・配置転換等の理由・経過等 ・転勤の場合、単身赴任の有無、海外の治安の状況等 ・その後の業務内容、業務量の程度、職場の人間関係、職場の支援・協力の有無及び内容等 （注）出向を含む。	【「弱」になる例】 ・以前に経験した場所・業務である等、転勤・配置転換等の後の業務に容易に対応できるものであり、変化後の業務の負荷が軽微であった	【「中」になる例】 ・過去に経験した場所・業務ではないものの、経験、年齢、職種等に応じた通常の転勤・配置転換等であり、その後の業務に対応したもの （注）ここでの「転勤」は、勤務場所の変更であって転居を伴うものを指す。「配置転換」は、所属部署（担当係等）、勤務場所の変更を指し、転居を伴うものを除く。	【「強」になる例】 ・転勤先（赴任は初めて赴任する外国であって現地の職員との会話が不能・治安状況が不安といったような事情から、転勤後の業務遂行に著しい困難を伴った ・配置転換後の業務が、過去に経験した業務と全く異なる質のものであり、これに対応するのに多大な労力を費やした ・配置転換後の地位が、過去の経験からみて異例なほど重い責任が課されるものであり、これに対応するのに多大な労力を費やした

具体的出来事	平均的な心理的負荷の強度	心理的負荷の総合評価の視点	「弱」になる例	「中」である例	「強」になる例
④ 役割・地位等の変化等 18 複数名で担当していた業務を1人で担当するようになった	☆	・職務、責任、業務内容、業務量の程度の変化、その後の業務内容、業務量の程度、協力の有無等 ・その後の人間関係、職場の支援・協力の有無及び内容等	【「弱」になる例】 ・複数名で担当していた業務を1人で担当するようになったが、業務量はほとんど変化がなかった、又は、職場の支援等がなされていた ・複数名で担当していた業務を1人で担当するようになったが、研修・引継ぎ等を伴うものであったので、本来1人で担当することが予定されたものであった	【「中」である例】 ・複数名で担当していた業務を1人で担当するようになり、業務内容・業務量の程度が増加するとともに、職場の支援等が少なく業務に係る相談や休暇取得が困難となった	【「強」になる例】 ・人員削減等のため業務を1人で担当するようになり、業務内容、責任が著しく増加して業務量も著しく増加して業務量、必要な休憩・休日も取れない等常時緊張を強いられるような状態となって業務遂行に著しく困難を伴った
19 雇用形態や国籍、性別等を理由に、不利益な処遇等を受けた	☆	・不利益な処遇等（差別に該当する場合も含む）の理由・経緯、内容、程度、職場の人間関係等 ・その継続する状況	【「弱」になる例】 ・労働者間に処遇の差異があるが、その差は小さいものであった、又は理由のあるものであった ・軽微な不利益処遇を受けたが、理由のあるものであった（客観的には不利益とはいえないものを含む）	【「中」である例】 ・非正規雇用労働者であるなどの雇用形態や国籍、性別等の理由により、不利益な処遇等を受けた	【「強」になる例】 ・雇用形態や国籍、人種、信条、性別等を理由に仕事上の差別、不利益取扱いの程度が著しく大きく、人格を否定するようなものであって、かつこれが継続した ※ 性的指向・性自認に関する差別等を含む。
20 自分の昇格・昇進等の立場・地位の変更があった	☆	・職務、責任、職場における役割・位置付けの変化の程度等 ・その後の業務内容、職場の人間関係等	【「弱」である例】 ・昇進し管理業務等を新たに担当することとなったが、本人の能力や経験と乖離したものではなかった	【「中」である例】 ・本人の経験等と著しく乖離した責任が課せられたものであったが、職場における研修・支援等が行われた	【「強」になる例】 ・本人の経験等と著しく乖離した重い責任・極めて困難な職務が課せられ、職場の支援等もなされず孤立した状態で当該職責を果たすこととなり、昇進後の業務に多大な労力を費やした
21 雇用契約期間の満了が迫った	☆	・契約締結時、期間満了前の説明の有無、その内容、その後の状況、職場の人間関係等	【「弱」である例】 ・契約期間の満了が迫ったが、契約更新が見込まれるものであった ・派遣先における派遣期間の満了が迫ったが、派遣元において雇用維持がなされる状況であった	【「中」である例】 ・事前に十分な説明が尽くされるものではなかったが、契約終了（雇止め）の通告があった ・事前の説明がない突然の契約終了（雇止め）の通告であり契約終了までの期間が短かった	【「強」になる例】 ・契約の更新等を強く期待することが合理的な状況であった（上司等がそのような言動を継続的に行っていた）にもかかわらず、突然に契約終了（雇止め）が通告され、通告時の態様も著しく配慮を欠くものであった

出来事の類型	具体的出来事	平均的な心理的負荷の強度			心理的負荷の総合評価の視点	心理的負荷の強度を「弱」「中」「強」と判断する具体例		
		I	II	III		弱	中	強
⑤ パワーハラスメント	22 上司等から、身体的攻撃、精神的攻撃等のパワーハラスメントを受けた			☆	・指導・叱責等の言動に至る経緯や状況等 ・身体的攻撃、精神的攻撃等の内容、程度、上司（経営者を含む）等との職務上の関係等 ・反復・継続など執拗性の状況 ・就業環境を害する程度 ・会社の対応の有無及び内容、改善の状況等 (注)当該出来事の評価対象とならない対人関係のトラブルは、出来事の類型「対人関係」の各出来事で評価する。 (注)「上司等」には、職務上の地位が上位の者のほか、同僚又は部下であっても、業務上必要な知識や豊富な経験を有しており、その者の協力が得られなければ業務の円滑な遂行を行うことが困難な場合や、同僚又は部下からの集団による行為でこれに抵抗又は拒絶することが困難である場合も含む。	【「弱」になる例】 ・上司等による「中」に至らない程度の身体的攻撃、精神的攻撃等が行われた	【「中」になる例】 ・上司等による次のような身体的攻撃・精神的攻撃等が行われ、行為が反復・継続していない ▶ 治療を要さない程度の暴行による身体的攻撃 ▶ 人格や人間性を否定するような、業務上明らかに必要性がない又は業務の目的を大きく逸脱した精神的攻撃 ▶ 必要以上に長時間にわたる叱責、他の労働者の面前における大声での威圧的な叱責など、態様や手段が社会通念に照らして許容される範囲を超える精神的攻撃 ▶ 無視等の人間関係からの切り離し ▶ 業務上明らかに不要なことや遂行不可能なことを強制する等の過大な要求 ▶ 業務上の合理性なく仕事を与えない等の過小な要求 ▶ 私的なことに過度に立ち入る等の個の侵害	【「強」である例】 ・上司等から、治療を要する程度の暴行等の身体的攻撃を受けた ・上司等から、暴行等の身体的攻撃を反復・継続するなどして執拗に受けた ・上司等から、次のような精神的攻撃を反復・継続するなどして執拗に受けた ▶ 人格や人間性を否定するような、業務上明らかに必要性がない又は業務の目的を大きく逸脱した精神的攻撃 ▶ 必要以上に長時間にわたる叱責、他の労働者の面前における大声での威圧的な叱責など、態様や手段が社会通念に照らして許容される範囲を超える精神的攻撃 ・心理的負荷としては中程度の身体的攻撃、精神的攻撃等を受けた場合であって、会社に相談しても又は会社がパワーハラスメントがあると把握していても適切な対応がなく、改善がなされなかった ※ 性的指向・性自認に関する精神的攻撃等を含む。
⑥ 対人関係	23 同僚等から、暴行又はいじめ・嫌がらせを受けた			☆	・暴行又はいじめ・嫌がらせに至る経緯や状況等 ・暴行又はいじめ・嫌がらせの内容、程度、同僚等との職務上の関係等 ・反復・継続など執拗性の状況 ・会社の対応の有無及び内容、改善の状況等	【「弱」になる例】 ・同僚等から、「中」に至らない程度の言動を受けた	【「中」になる例】 ・同僚等から、治療を要さない程度の暴行を受け、行為が反復・継続していない ・同僚等から、人格や人間性を否定するような言動を受け、行為が反復・継続していない	【「強」である例】 ・同僚等から、治療を要する程度の暴行等を受けた ・同僚等から、暴行等を反復・継続するなどして執拗に受けた ・同僚等から、人格や人間性を否定するような言動を反復・継続するなどして執拗に受けた ・心理的負荷としては中程度の暴行又はいじめ・嫌がらせを受けた場合であって、会社に相談しても又は会社が暴行又はいじめ・嫌がらせがあると把握していても適切な対応がなく、改善がなされなかった ※ 性的指向・性自認に関する言動を含む。
	24 上司とのトラブルがあった		☆		・トラブルに至る経緯や状況等 ・トラブルの内容、程度、回数、上司（経営者を含む）との職務上の関係等 ・その後の業務への支障等 ・会社の対応の有無及び内容、改善の状況等	【「弱」になる例】 ・上司から、業務指導の範囲内である指導・叱責を受けた ・業務をめぐる方針等において、上司との考え方の相違が生じた（客観的にはトラブルとはいえないものも含む）	【「中」になる例】 ・上司から、業務指導の範囲内である強い指導・叱責を受けた ・業務をめぐる方針等において、周囲からも客観的に認識されるような大きな対立が上司との間に生じた	【「強」になる例】 ・業務をめぐる方針等において、周囲からも客観的に認識されるような大きな対立が上司との間に生じ、その後の業務に大きな支障を来した
	25 同僚とのトラブルがあった		☆		・トラブルに至る経緯や状況等 ・トラブルの内容、程度、回数、同僚との職務上の関係等 ・その後の業務への支障等 ・会社の対応の有無及び内容、改善の状況等	【「弱」になる例】 ・業務をめぐる方針等において、同僚との考え方の相違が生じた（客観的にはトラブルとはいえないものも含む）	【「中」になる例】 ・業務をめぐる方針等において、周囲からも客観的に認識されるような大きな対立が多数の同僚との間に生じた ・同僚との対立により、本来得られるべき業務上必要な協力が得られず、業務に一定の影響が生じた	【「強」になる例】 ・業務をめぐる方針等において、周囲からも客観的に認識されるような大きな対立が同僚との間に生じ、その後の業務に大きな支障を来した

番号	具体的出来事		心理的負荷の総合評価を行う視点	心理的負荷の強度を「弱」「中」「強」と判断する具体例		
				【「弱」になる例】	【「中」である例】	【「強」になる例】
26	⑥対人関係 部下とのトラブルがあった	☆	・トラブルに至る経緯や状況等 ・トラブルの内容、程度、回数、部下との職務上の関係等 ・その後の業務への支障等 ・会社の対応の有無及び内容、改善の状況等	・業務をめぐる方針等において、部下との考え方の相違が生じた（客観的にはトラブルとはいえないものも含む）	・業務をめぐる方針等において、周囲からも客観的に認識されるような大きな対立が部下との間に生じた ・部下との対立により、本来得られるべき業務上の協力が得られず、業務に一定の影響が生じた	・業務をめぐる方針等において、周囲からも客観的に認識されるような大きな対立が多数の部下との間に生じ、その後の業務に大きな支障を来した
27	顧客や取引先、施設利用者等から著しい迷惑行為を受けた	☆	・迷惑行為に至る経緯や状況等 ・迷惑行為の内容、程度、顧客等との職務上の関係等 ・反復・継続など執拗性の状況 ・その後の業務への支障等 ・会社の対応の有無及び内容、改善の状況等 (注)著しい迷惑行為とは、暴行、脅迫、ひどい暴言、著しく不当な要求をいう。	・顧客等から、「中」に至らない程度の言動を受けた	・顧客等から治療を要さない程度の暴行等を受け、行為を反復・継続していない ・顧客等から、人格や人間性を否定するような言動を受け、行為を反復・継続していない	・顧客等から、治療を要する程度の暴行等を受けた ・顧客等から、暴行等を反復・継続するなどして執拗に受けた ・顧客等から、人格や人間性を否定するような言動を執拗に受けた ・顧客等から、威圧的な言動などどその態様や手段が社会通念に照らして許容される範囲を超える著しい迷惑行為を、反復・継続するなどして執拗に受けた ・心理的負荷としては「中」程度の迷惑行為を受けた場合であって、会社に相談しても又は会社が迷惑行為を把握していても適切な対応がなく、改善がなされなかった
28	上司が替わる等、職場の人間関係に変化があった	☆	・人間関係の変化の内容等 ・その後の業務への支障等	・上司が替わったが、特に業務内容に変化もなく、上司との関係に問題も生じなかった ・良好な関係にあった上司、同僚等が異動・退職した ・同僚・後輩に昇進で先を越された ・人間関係に問題のない同僚等の昇進・昇格があった	(注)上司が替わった、同僚等に昇進で先を越された等については、項目22～25で評価する。	
29	⑦セクシュアルハラスメント セクシュアルハラスメントを受けた	☆	・セクシュアルハラスメントの内容、程度等 ・その継続する状況 ・会社の対応の有無及び内容、改善の状況、職場の人間関係等	・「○○ちゃん」等のセクシュアルハラスメントに当たる発言をされた ・職場内に水着姿の女性のポスター等を掲示された	・胸や腰等への身体接触を含むセクシュアルハラスメントであっても、行為が継続しておらず、会社が適切かつ迅速に対応し発病していない ・身体接触のない性的な発言のみのセクシュアルハラスメントであって、発言が継続していない	・胸や腰等への身体接触を含むセクシュアルハラスメントであって、継続して行われた ・胸や腰等への身体接触を含むセクシュアルハラスメントであって、行為が継続していないが、会社に相談しても適切な対応がなく、改善がなされなかった又は会社への相談等の後に職場の人間関係が悪化した ・身体接触のない性的な発言のみのセクシュアルハラスメントであって、発言の中に人格を否定するようなものを含み、かつ継続してなされた ・身体接触のない性的な発言のみのセクシュアルハラスメントであって、性的な発言が継続してなされ、かつ会社がセクシュアルハラスメントがあると把握していても適切な対応がなく、改善がなされなかった

【恒常的長時間労働がある場合に「強」となる具体例】

1か月おおむね100時間の時間外労働を「恒常的長時間労働」の状況とし、次の①～③の場合には、心理的負荷の総合評価を「強」と判断する。

① 具体的出来事の心理的負荷の強度が労働時間を加味せずに「中」程度と評価され、かつ、出来事の後に恒常的な長時間労働が認められる場合

② 具体的出来事の心理的負荷の強度が労働時間を加味せずに「中」程度と評価され、出来事の前に恒常的な長時間労働（出来事の前おおむね10日以内に発病に至っている場合、又は、出来事後おおむね10日以内に発病に至っている場合を除く）が認められる場合

③ 具体的出来事の心理的負荷の強度が、労働時間を加味せずに「弱」程度と評価される場合であって、出来事の前及び後にそれぞれ恒常的な長時間労働が認められる場合

(注)強度や、本人の意思を抑圧して行われたいせつ行為などのセクシュアルハラスメントは、特別に評価する。

※　別表1「具体的出来事」の解説

　別表1の「具体的出来事」について、項目（1〜29）ごとに解説します。

類型①「事故や災害の体験」

○　業務により重度の病気やケガをした（項目1）

　業務上の病気や、ケガをしたことによる心理的負荷を評価する項目です。「重度の」病気やケガであることを前提に、平均的な心理的負荷（Ⅲ）が定められており、重度とはいえない病気やケガの場合の心理的負荷の総合評価は「中」や「弱」となります。

　この項目では「重度」の評価が重要となりますが、総合評価は、「心理的負荷の総合評価の視点」（以下「総合評価の視点」といいます。）の欄に示した、病気やケガの内容および程度、その継続する状況、後遺障害の程度、社会復帰の困難性等の視点から行います。

　例えば、転倒によって鎖骨を骨折し2週間程度の入院が必要になった場合、一般的にはこの程度のケガでは全治するものと理解されており、「重度」とまではいえませんので、このような場合には総合評価を「中」と判断します。

　ここでいう「重度」とは、「強」の具体例に示されているとおり、社会通念に照らして重篤であると認められる程度の傷病を経験した場合や、以前のような仕事を続けることは到底不可能になるようなケガや病気をした場合が想定され、頭部外傷等に関して意識障害が継続した場合なども含まれます。

　また、療養の過程では重い後遺障害を残すか否か確定していませんが、その可能性が医師から告げられたような場合も同様です。

　なお、例えば、脊髄損傷等により一生寝たきりを余儀なくされるような場合には、「特別な出来事」と評価します。

　病気やケガによる入院が「長期間」であるかは、おおむね2か月以上のものは「長期間」と考えられ、それより短い期間についても、心理的負荷の総合評価の視点を踏まえ、医学的意見を参考に判断する必要があるとされています。

　業務による事故で自らがケガをし、事故も悲惨であった場合は、本項目のほか、「業務に関連し、悲惨な事故や災害の体験、目撃をした（項目2）」でも評価します。

　本人のケガ等が原因で交通事故等を生じさせたことにより補償問題が生

類型③「仕事の量・質」

○　仕事内容・仕事量の大きな変化を生じさせる出来事があった（項目11）
　　仕事内容が大きく変化するような新しい担当を命じられた場合や、受注量の急増に伴って労働時間が急増した場合等に伴って生じる心理的負荷を評価する項目です。

　　仕事内容・仕事量の変化するきっかけとなった業務上のことがらを出来事としてとらえるものであり、人事異動を伴わずに仕事内容や仕事量が変化した場合を想定しています。

　　なお、転勤・配置転換等、部下等の増減、所属部署の統廃合、あるいは仕事上のミスや新規事業の担当になったこと等によって仕事内容、仕事量が変化する場合を除外するものではありません。

　　この項目では「大きな」の評価が重要となり、通常の業務においても新しい仕事に変われば仕事内容・仕事量の変化は多少なりともありますが、「大きな変化」はこれらの通常の変化を超えた変化を意味します。

　　また、発病前おおむね６か月の状況を適切に評価する観点から、仕事量が変化するきっかけとなった出来事以前も含めた評価期間全体の労働時間の状況を考慮して評価します。

　　総合評価は、「総合評価の視点」の欄に示した、業務の内容、困難性、能力・経験と業務内容のギャップ、職場の支援状況等、時間外労働、休日労働の状況とその変化の程度、勤務間インターバルの状況、業務の密度の変化の程度、仕事内容、責任の変化の程度、仕事内容の変化の原因に係る社会的反響の大きさ等の視点から行いますが、業務量の変化の評価については労働時間数で評価します。

○　１か月に80時間以上の時間外労働を行った（項目12）
　　長時間労働そのものによる精神的・肉体的疲労等による心理的負荷を評価する項目です。

　　発病前おおむね６か月において、１か月におおむね80時間以上の時間外労働が認められる場合には、項目11の仕事量の変化を評価している場合を除いて、この項目で評価します。

　　また、発病前おおむね６か月の状況を適切に評価する観点から、評価期間全体の労働時間の状況を考慮して評価します。

　　総合評価は、「総合評価の視点」の欄に示した、業務の困難性、能力・経験と業務内容のギャップ、業務の密度、業務内容、責任、長時間労働の継続期間、労働時間数、勤務間インターバルの状況、職場の支援状況等の

視点から行いますが、通常、具体例に示された労働時間数で評価します。

○　２週間以上にわたって休日のない連続勤務を行った（項目13）

　　突然の事故の発生等により休日が取得できず、連続勤務を行ったことに伴う精神的・肉体的疲労等による心理的負荷を評価する項目です。

　　週休２日を想定して、ある月曜日から翌週金曜日まで連続して（12日間続けて）勤務した場合には、原則として「２週間以上にわたって休日のない連続勤務を行った」と評価できると考えられます。

　　総合評価は、「総合評価の視点」の欄に示した、業務の困難性、能力・経験と業務内容のギャップ、業務の密度、業務内容、責任等およびそれらの変化の程度、連続勤務の継続期間、労働時間数、勤務間インターバルの状況、職場の支援状況等の視点から行います。

○　感染症等の病気や事故の危険性が高い業務に従事した（項目14）

　　病原体や化学物質等にばく露し、感染症、急性中毒等に罹患するおそれや、危険度が高く事故に巻き込まれるおそれのある業務に急遽従事することにより生じる心理的負荷、すなわち、これらの業務に従事すること、また、従事し続けることへの不安感や緊張感、防護対策を含む業務の困難性等を評価する項目です。

　　総合評価は、「総合評価の視点」の欄に示した、業務の内容・困難性（ばく露のおそれがある病原体・化学物質等の有害因子の性質・危険性等を含む）、能力・経験と業務内容のギャップ、職場の支援状況（教育訓練の状況や防護・災害防止対策の状況等を含む）、当該業務に従事する経緯、その予測の度合い、当該業務の継続期間等の視点から行います。

　　なお、当該業務に従事した結果、本人が業務上感染症等に罹患した場合や、事故が発生し病気やケガをした場合、同僚等が罹患・ケガをした場合には、その状況に応じ、「業務により重度の病気やケガをした（項目１）」、「業務に関連し、悲惨な事故や災害の体験、目撃をした（項目２）」でも評価します。

○　勤務形態、作業速度、作業環境等の変化や不規則な勤務があった（項目15）

　　勤務形態、作業速度、作業環境が変化すること、その他不規則な勤務を行うことに伴う心理的負荷を評価する項目です。

　　勤務形態の変化には、始業・終業時刻の変更、休日の変更、早出番・遅出番の変更、交代制の変更等が、作業速度の変化には、流れ作業のペース

の変更等が、作業環境の変化には、作業場所における騒音、照明、温度、湿度、換気、臭気等の変化、作業場所の変更、テレワークの実施等が含まれます。

　なお、この項目では労働時間数の変化があることは想定していません。

　総合評価は、「総合評価の視点」の欄に示した、勤務形態、作業速度（仕事のペース）、作業環境等の変化の内容、変化の程度、変化に至る経緯、変化後の状況、勤務の不規則な程度、一般的な日常生活・労働者の過去の経験とのギャップ、深夜勤務や勤務間インターバルの状況等の視点から行います。

　生活パターンの大きな変更を伴うような勤務形態の変化があった場合は総合評価が「中」となること、勤務形態が著しく不規則となり、生理的に必要な睡眠時間をまとまって確保できない状況が継続した場合は総合評価が「強」となることが想定されます。

類型④「役割・地位の変化等」

○　退職を強要された（項目16）

　さまざまな形で行われる退職を求める働きかけや、解雇の通知を受けたことに伴う心理的負荷を評価する項目です。いわゆる退職勧奨や早期退職者の募集であって、退職を強要されたとはいえない場合にもこの項目で評価します。

　総合評価は、「総合評価の視点」の欄に示した、退職強要・退職勧奨に至る理由・経緯、退職強要等の態様、強要の程度、解雇に至る理由・経過、解雇通告や理由説明の態様、職場の人間関係等の視点から行いますので、退職や解雇に至ったという結果のみをもって評価が定まるものではありません。

　ここでいう「解雇」には、労働契約の形式上期間を定めて雇用されている者であっても、当該契約が期間の定めのない契約と実質的に異ならない状態となっている場合の雇止めの通知が含まれます。

　なお、退職の結果として生じる退職後の生活の不安等による心理的負荷は、個人の生活事情に根ざす業務以外の心理的負荷ですので、この項目の心理的負荷の評価には含みません。

○　転勤・配置転換等があった（項目17）

　転勤・配置転換等により対人関係、仕事の内容等の様々な変化に対応し

なければならないことによる心理的負荷を評価する項目です。

「転勤」とは、勤務場所の変更であって転居を伴うものを指します。

「配置転換」とは、所属部署（担当係等）など、同一職場内での人事異動、勤務場所の変更を指します。

関連会社、子会社等への出向を命じられるような場合についても、この項目で評価します。

総合評価は、「総合評価の視点」の欄に示した、職種、職務の変化の程度、転勤・配置転換等の理由・経緯、単身赴任の有無、海外の治安の状況、業務の困難性、能力・経験と業務内容のギャップ、その後の業務内容、業務量の程度、職場の人間関係等の視点から行います。

職務の変化には、責任の重さの変化の評価が含まれます。

○　複数名で担当していた業務を1人で担当するようになった（項目18）

これまで複数名で担当していた業務を、人員削減や組織再編等により1人で担当することになったことに伴う心理的負荷を評価する項目です。

本項目では、1人で担当することによる職場の支援の減少、孤立化、責任の増加、業務密度の高まり等を評価し、これに伴う仕事量（労働時間）の変化（増加）は、原則として「仕事内容・仕事量の大きな変化を生じさせる出来事があった（項目11）」で評価します。

総合評価は、「総合評価の視点」の欄に示した、職務、責任、業務内容、業務量の変化の程度、その後の業務内容、業務量の程度、職場の人間関係等の視点から行います。

仕事の責任や、役割、立場などの困難性のほか、他に相談する相手がいなくなったという点も評価に含まれます。

○　雇用形態や国籍、性別等を理由に、不利益な処遇等を受けた（項目19）

昇格・昇進等人事面、賃金等労働条件面において組織的な不利益処遇等を受けたことに伴う心理的負荷を評価する項目です。

「雇用形態や国籍、性別」は例示であり、人種、信条、性的指向・性自認等、他の理由による不利益な処遇等もこの項目で評価します。

ここでいう不利益な処遇等とは、業績不振等により全員の賃金ベースアップが見送られる等の事態は含まれず、同僚等と比べて明らかに均衡を失した不利益な処遇等が該当します。

同僚等に比べて賃金等が現に低い等の処遇の差異があり、それを不利益な処遇と主張する場合には、当該処遇の差異が合理的なものであってもこの項目で評価しますが、その場合、心理的負荷の総合評価は「弱」となり

ます。
　総合評価は、「総合評価の視点」の欄に示した、不利益な処遇等（差別に該当する場合も含む）の理由・経緯、内容、程度、職場の人間関係、その継続する状況等の視点から行います。

○　自分の昇格・昇進等の立場・地位の変更があった（項目20）
　会社組織の中で行われている係長、課長等への昇格・昇進に伴う心理的負荷を評価する項目です。
　なお、当該昇格・昇進で、プロジェクトチームのリーダーや新製品の開発責任者になったような場合は「新規事業や、大型プロジェクト（情報システム構築等を含む）などの担当になった（項目8）」で評価します。
　総合評価は、「総合評価の視点」の欄に示した、職務・責任、職場における役割・位置付けの変化の程度、その後の業務内容、職場の人間関係等の視点から行います。

○　雇用契約期間の満了が迫った（項目21）
　期間の定めのある労働契約を締結している労働者について、その契約期間の満了が迫ったことに伴う心理的負荷を評価する項目です。
　派遣労働者の派遣先における派遣期間の終了が迫った場合もこの項目で評価します。
　総合評価は、「総合評価の視点」の欄に示した、契約締結時、期間満了前の説明の有無、その内容、その後の状況、職場の人間関係等の視点から行います。

類型⑤「パワーハラスメント」

○　上司等から、身体的攻撃、精神的攻撃等のパワーハラスメントを受けた（項目22）
　パワーハラスメントを受けたことに伴う心理的負荷を評価する項目です。
　ここでいう「パワーハラスメント」とは、労働施策総合推進法および「事業主が職場における優越的な関係を背景とした言動に起因する問題に関して雇用管理上講ずべき措置等についての指針（令和2年厚生労働省告示第5号）」により定められたものです。
　この指針を踏まえ、この項目におけるパワーハラスメントは、「職場において行われる①優越的な関係を背景とした言動であって、②業務上必要

かつ相当な範囲を超えたものにより、③労働者の就業環境が害されるものであり、①から③までの要素を全て満たす」ものをいいます。

このうち、

・ 「優越的な関係を背景とした」言動とは、業務を遂行するに当たって、言動を受ける労働者が、言動の行為者とされる「上司等」に対して、抵抗または拒絶することができない蓋然性が高い関係を背景として行われるものを指します。

　ここでいう「上司等」とは、職務上の地位が上位の者だけに限らず、例えば、職歴が長い者（職場の先輩）も含み、同僚又は部下であっても、業務上必要な知識や豊富な経験を有しており、その者の協力が得られなければ業務の円滑な遂行を行うことが困難な場合なども含みます。

・ 「業務上必要かつ相当な範囲を超えた」言動とは、例えば、業務上明らかに必要性のない言動、業務の目的を大きく逸脱した言動、業務を遂行するための手段として不適当な言動、当該行為の回数、行為者の数等、その態様や手段が社会通念に照らして許容される範囲を超える言動等が該当します。

　このため、客観的にみて業務上必要かつ相当な範囲で行われる適正な業務指示や指導は、職場におけるパワーハラスメントには該当しませんが、指導等の際に、人格や人間性を否定するような言動が行われたような場合等、その指導等の態様や手段が社会通念に照らして許容される範囲を超えた場合には該当します。

また、この指針では、職場におけるパワーハラスメントの代表的な言動の類型として次の6つが示されています。

・ 身体的な攻撃（暴行・傷害）
・ 精神的な攻撃（脅迫・名誉棄損・侮辱・ひどい暴言）
・ 人間関係からの切り離し（隔離・仲間外し・無視）
・ 過大な要求（業務上明らかに不要なことや遂行不可能なことの強制・仕事 の妨害）
・ 過小な要求（業務上の合理性なく能力や経験とかけ離れた程度の低い仕事を命じることや仕事を与えないこと）
・ 個の侵害（私的なことに過度に立ち入ること）

　ここでいう「個の侵害」に関しては、例えば、上司等が労働者の性的指向・性自認や病歴、不妊治療等の機微な個人情報を労働者の了解を得ずに他の労働者に暴露することは、個の侵害となりますので、「身体的攻撃、精神的攻撃等のパワーハラスメント」に該当します。

総合評価は、「総合評価の視点」の欄に示した、指導・叱責等の言動に

至る経緯や状況、身体的攻撃、精神的攻撃等に係る内容、程度および上司（経営者を含む）等との職務上の関係、反復・継続など執拗性の状況、就業環境を害する程度および会社の対応の有無および内容、改善の状況等の視点から行います。

その際、指導・叱責等の言動が行われた場所、時間帯、長さ、回数および頻度等にも留意します。

なお、「執拗性の状況」における「執拗」とは、一般的にはある行動が何度も繰り返されている状況にある場合が多いですが、たとえ一度の言動であっても、これが比較的長時間に及ぶものであって、行為態様も強烈で悪質性を有する等の状況が見られるときにも「執拗」と評価すべき場合があります。

また、パワーハラスメントのように出来事が繰り返されるものについては、繰り返される出来事を一体のものとして評価しますので、発病の6か月よりも前にそれが開始されている場合でも、発病前6か月以内の期間にも継続しているときは、開始時からのすべての行為を評価の対象とします。

類型⑥「対人関係」

○　同僚等から、暴行又はひどいいじめ・嫌がらせを受けた（項目23）

暴行またはいじめ、嫌がらせ（以下、「いじめ等」といいます。）を受けたことに伴う心理的負荷を評価する項目です。

ここでいう「いじめ等」は、職場における優越的な関係を背景としない同僚等が行った人格や人間性を否定するような言動を指しています。

「同僚等」には、同僚、部下のほか、例えば、派遣先労働者、建設現場の他社作業員等が含まれます。

なお、同僚または部下であっても、業務上必要な知識や豊富な経験を有しており、当該者の協力を得なければ業務の遂行を行うことが困難である場合等、職場における優越的な関係を背景とした行為と評価される場合については、「上司等から、身体的攻撃、精神的攻撃等のパワーハラスメントを受けた（項目22）」で評価します。

また、暴行または「ひどい」いじめ等を受けたことを前提に、平均的な心理的負荷（Ⅲ）を定めていますが、ひどいとはいえない場合の心理的負荷の総合評価は「中」または「弱」となります。

総合評価は、「総合評価の視点」の欄に示した、暴行またはいじめ・嫌がらせに至る経緯や状況、暴行またはいじめ・嫌がらせに係る内容や程度

等、反復・継続など執拗性の状況、会社の対応の有無および内容、改善の状況等の視点から行います。

　なお、「執拗性の状況」や出来事が繰り返されるものに係る解釈については、「上司等から、身体的攻撃、精神的攻撃等のパワーハラスメントを受けた（項目22）」と同様となります。

　また、暴行、いじめ等のように出来事が繰り返されるものについては、繰り返される出来事を一体のものとして評価することから、発病の6か月よりも前にそれが開始されている場合でも、発病前6か月以内の期間にも継続しているときは、開始時からのすべての行為を評価の対象とします。

○　上司とのトラブルがあった（項目24）

　上司と部下の間に生じたトラブルに伴う心理的負荷を評価する項目です。

　ここでいうトラブルは、仕事をめぐる方針等において明確な対立が生じたと周囲にも客観的に認識されるような事態や、その態様等も含めて業務上必要かつ相当な範囲と評価される指導・叱責等を指しています。

　指導等の際に、人格や人間性を否定するような言動が行われたような場合等、その指導等の態様や手段が社会通念に照らして許容される範囲を超えた場合には、「上司等から、身体的攻撃、精神的攻撃等のパワーハラスメントを受けた（項目22）」で評価します。

　なお、「中」の具体例に示される、「周囲からも客観的に認識される大きな対立」とは、単に本人が大声を上げる等によって対立が周囲から認識されることになったような場合までを含むものではなく、上司側の対応や業務上の争点をめぐる協議の状況等も踏まえて大きな対立と評価されるものが想定されます。

　叱責等がささいなもので客観的にはトラブルとはいえない場合の総合評価は「弱」となります。

　総合評価は、「総合評価の視点」の欄に示した、トラブルに至る経緯や状況、トラブルの内容、程度、回数、上司（経営者を含む）との職務上の関係、その後の業務への支障、会社の対応の有無および内容、改善の状況等の視点から行います。

○　同僚とのトラブルがあった（項目25）

　同僚間に生じたトラブルに伴う心理的負荷を評価する項目です。

　対立等がささいなもので客観的にはトラブルとはいえない場合にもこの項目で評価しますが、そのような場合には総合評価は「弱」となります。

　一方、対立等が拡大し、同僚が、暴行、人格や人間性を否定する言動等

を行う事態に至った場合には、「同僚等から、暴行又はひどいいじめ・嫌がらせを受けた（項目23）」で評価します。

　総合評価は、「総合評価の視点」の欄に示した、トラブルに至る経緯や状況、トラブルの内容、程度、回数、同僚との職務上の関係、その後の業務への支障、会社の対応の有無および内容、改善の状況等の視点から行います。

○　部下とのトラブルがあった（項目26）

　部下と上司との間に生じたトラブルに伴う心理的負荷を評価する項目です。

　トラブルの相手が部下であっても、トラブルに伴う心理的負荷は生じるものですので、上司が孤立する等の状況によっては心理的負荷の強度は強くなります。

　対立等がささいなもので客観的にはトラブルとはいえない場合の総合評価は「弱」となります。

　一方、対立等が拡大し、部下が、暴行、人格や人間性を否定する言動等を行う事態に至った場合には、「同僚等から、暴行又はひどいいじめ・嫌がらせを受けた（項目23）」で評価します。

　総合評価は、「総合評価の視点」の欄に示した、トラブルに至る経緯や状況、トラブルの内容、程度、回数、部下との職務上の関係、その後の業務への支障、会社の対応の有無および内容、改善の状況等の視点から行います。

○　顧客や取引先、施設利用者等から著しい迷惑行為を受けた（項目27）

　顧客等からの著しい迷惑行為、いわゆるカスタマーハラスメントを受けたことに伴う心理的負荷を評価する項目です。

　「顧客や取引先、施設利用者」は例示であり、職場外の業務に関連する人間関係を広く含みます。例えば、医療従事者が患者やその家族から、学校の教師が生徒やその保護者から著しい迷惑行為を受けた場合も、この項目で評価します。

　「著しい迷惑行為」とは、暴行、脅迫、ひどい暴言、著しく不当な要求等をいいますが、商慣習上あり得る要求や指摘等に留まる場合には「顧客や取引先から対応が困難な注文や要求等を受けた（項目９）」で評価します。

　総合評価は、「総合評価の視点」の欄に示した、迷惑行為に至る経緯や状況、迷惑行為の内容、程度、顧客等（相手方）との職務上の関係、反復・継続など執拗性の状況、その後の業務への支障、会社の対応の有無および内容、改善の状況等の視点から行います。

　なお、「執拗性の状況」や出来事が繰り返されるものに係る解釈については、「上司等から、身体的攻撃、精神的攻撃等のパワーハラスメントを

受けた（項目22）」と同様となります。

○　上司が替わる等、職場の人間関係に変化があった（項目28）

　　職場の人間関係に変化があったことに伴う心理的負荷を評価する項目です。

　　上司が替わったことのほか、日頃の相談相手等が異動した場合や、同僚や後輩が昇進して先を越されたような場合を含みます。

　　総合評価は、「総合評価の視点」の欄に示される、人間関係の変化の内容、その後の業務への支障等の視点から行います。

類型⑦「セクシュアルハラスメント」

○　セクシュアルハラスメントを受けた（項目29）

　　セクシュアルハラスメントを受けたことに伴う心理的負荷を評価する項目です。

　　ここでいう「セクシュアルハラスメント」は、男女雇用機会均等法に基づく「事業主が職場における性的な言動に起因する問題に関して雇用管理上講ずべき措置等についての指針（平成18年厚生労働省告示第615号）」等により定められたものです。

　　総合評価は、「総合評価の視点」の欄に示した、セクシュアルハラスメントの内容、程度等、その継続する状況、会社の対応の有無および内容、改善の状況、職場の人間関係等の視点から行います。

　　このうち、「会社の対応」等に関しては、この指針で示されている「事業主が雇用管理上講ずべき措置」等について検討します。

　　具体的には、セクシュアルハラスメントが生じた場合における事後の迅速かつ適切な対応等に着目し、会社の講じた対処等の具体的内容、実施時期等、さらには職場の人間関係の変化、その他出来事後の状況について、十分に検討の上、心理的負荷の強度を評価する必要があります。

　　なお、セクシュアルハラスメントのように出来事が繰り返されるものについては、繰り返される出来事を一体のものとして評価しますので、発病の6か月よりも前にそれが開始されている場合でも、発病前6か月以内の期間にも継続しているときは、開始時からのすべての行為を評価の対象とします。この場合、「その継続する状況」は、心理的負荷を強めますが、継続期間が6か月以内であるからといって、心理的負荷が弱いと評価するものではありません。

　　一方で、単純に継続期間が長いことのみをもって心理的負荷が強いと判

断するものでもなく、例えば、発病前おおむね6か月には発言のみのセクシュアルハラスメントであったものが、約1年前に身体接触を含むセクシュアルハラスメントが行われていたような場合には、そのセクシュアルハラスメントは全体として身体接触を含むものとなり、その前提で心理的負荷の強度を判断しますので、発病前おおむね6か月の行為のみを評価の対象とする場合よりも心理的負荷が強い評価になります。

5 　業務以外の心理的負荷および個体側要因により発病していないか

(1) 業務以外の心理的負荷および個体側要因が認められないとは

業務以外の心理的負荷および個体側要因が認められないとは、次の場合です。

① 　業務以外の心理的負荷および個体側要因が確認できない場合

② 　業務以外の心理的負荷または個体側要因は認められるものの、これらによって発病したことが医学的に明らかであると判断できない場合

(2) 業務以外の心理的負荷の評価

① 　対象疾病の発病前おおむね6か月の間に、対象疾病の発病に関与したと考えられる業務以外の出来事について、別表2の「業務以外の心理的負荷評価表」（以下「別表2」といいます。）により、心理的負荷の強度を「Ⅰ」「Ⅱ」「Ⅲ」に区分して評価を行います（次頁参照）。

② 　出来事が確認できなかったときは、上記(1)の①に該当すると扱います。

③ 　強度が「Ⅰ」又は「Ⅱ」の出来事しかなかったときは、原則として上記(1)の②に該当すると扱います。

④ 　「Ⅲ」に該当する業務以外の出来事のうち心理的負荷が特に強いものなどがあるときは、それが発病原因であると判断することの医学的妥当性を検討して上記(1)の②に該当するか判断します。

(3) 個体側要因の評価

個体側要因とは、個人に内在している脆弱性・反応性であり、個人ごとのストレスへの反応のしやすさです。

これは、既往歴やアルコール等依存状況、さらには、生活史（社会適応状況）、性格傾向、家族歴等に現れるものです。

したがって、個体側要因については、既往の精神障害や現在治療中の精神障害、アルコール依存や薬物依存の状況等の存在が明らかな場合には、その内容等を調査した上で、それが発病の原因であると判断することの医学的な妥当性を慎重に検討します。

そのうえで、上記(1)の②に該当するか否かを判断することとなります。

▶別表２　業務以外の心理的負荷評価表

出来事の類型	具体的出来事	心理的負荷の強度		
		I	II	III
①自分の出来事	離婚又は配偶者と別居した			☆
	自分が重い病気やケガをした又は流産した			☆
	自分が病気やケガをした		☆	
	配偶者とのトラブル、不和があった	☆		
	自分が妊娠した	☆		
	定年退職した	☆		
②自分以外の家族・親族の出来事	配偶者、子供、親又は兄弟姉妹が死亡した			☆
	配偶者や子供が重い病気やケガをした			☆
	親類の誰かで世間的にまずいことをした人が出た			☆
	親族とのつきあいで困ったり、辛い思いをしたことがあった		☆	
	親が重い病気やケガをした		☆	
	家族が婚約した又はその話が具体化した	☆		
	子供の入試・進学があった又は子供が受験勉強を始めた	☆		
	親子の不和、子供の問題行動、非行があった	☆		
	家族が増えた（子供が産まれた）又は減った（子供が独立して家を離れた）	☆		
	配偶者が仕事を始めた又は辞めた	☆		
③金銭関係	多額の財産を損失した又は突然大きな支出があった			☆
	収入が減少した		☆	
	借金返済の遅れ、困難があった		☆	
	住宅ローン又は消費者ローンを借りた	☆		
④事件、事故、災害の体験	天災や火災などにあった又は犯罪に巻き込まれた			☆
	自宅に泥棒が入った		☆	
	交通事故を起こした		☆	
	軽度の法律違反をした	☆		
⑤住環境の変化	騒音等、家の周囲の環境（人間環境を含む）が悪化した		☆	
	引越した		☆	
	家屋や土地を売買した又はその具体的な計画が持ち上がった	☆		
	家族以外の人（知人、下宿人など）が一緒に住むようになった	☆		
⑥他人との人間関係	友人、先輩に裏切られショックを受けた		☆	
	親しい友人、先輩が死亡した		☆	
	失恋、異性関係のもつれがあった		☆	
	隣近所とのトラブルがあった		☆	

注）心理的負荷の強度 I から III は、別表１（38頁参照）と同程度である。

6 精神障害の悪化と新たな発病の取扱い

(1) 精神障害の悪化と業務起因性

　業務以外の心理的負荷によって精神障害を発病して治療が必要な状態にある者が、業務による新たな心理的負荷等によって精神障害が悪化したとして労災請求する場合がありますが、こうした個別事案については、悪化する前に業務による強い心理的負荷となる業務による出来事があっても、直ちにそれが悪化の原因であるとは判断できません。

　ただし、次の場合には、悪化した部分について業務起因性が認められます。

　なお、既存の精神障害が悪化したといえるか否かについては、個別事案ごとに医学専門家による判断が必要となります。

① 「特別な出来事」があった場合

　別表1（38頁参照）の「特別な出来事」に該当する出来事があり、その後おおむね6か月以内に対象疾病が自然経過を超えて著しく悪化したと精神医学的に判断された場合

② 「特別な出来事」がない場合

　悪化前おおむね6か月以内に業務による強い心理的負荷によって精神障害が自然経過を超えて著しく悪化したと精神医学的に判断された場合

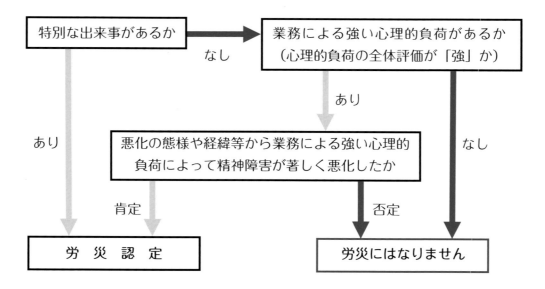

(2) 症状安定後の新たな発病

　既存の精神障害について、一定期間、通院・服薬を継続しているものの、症状がなく、または安定していた状態で通常の勤務を行っている状況にあって、その後、症状の変化が生じた場合は、既存の精神障害の悪化ではなく、新たな発病として判断される場合があります。

新たな精神障害の発病か否かについては、疾病名、発病の時期、受診期間、症状や治療経過、社会復帰の状況（就労の有無、復帰後の状況も含みます）等を主治医等から確認し、専門医の意見をもとに判断します。

　その上で症状安定後の新たな精神障害の発病と認められた場合は、発病後の悪化とはせず、発病前おおむね６か月に起きた心理的負荷の出来事について評価します。

7　治ゆ（症状固定）の取扱い

　労災保険における「治ゆ」（傷病が「治った場合」）とは、健康時の状態に完全に回復した状態のみをいうものではありません。

　症状が安定し、医学上一般に認められている治療を行ったとしても、症状の回復・改善が期待できなくなった状態を「治ゆ（症状固定）」として扱います。

　心理的負荷による精神障害は、その原因を取り除き適切な療養を行えば全治し、再就労が可能となる場合が多いといわれていますが、就労が可能な状態でなくても「治ゆ（症状固定）」として扱う場合もあります。

　例えば、
・精神障害の症状が現れなくなった場合
・症状が改善し安定した状態が一定期間継続している場合
・社会復帰を目指して行ったリハビリテーション療法等を終了した場合
であって、通常の就労が可能な状態になったときには、投薬等を継続していても通常は「治ゆ（症状固定）」の状態にあると考えられます。

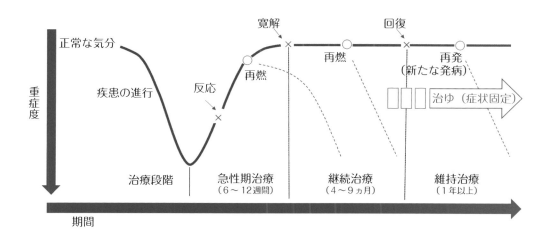

　また、「寛解（症状が落ち着いて安定した状態）」との診断がない場合も含め、療養を継続して十分な治療を行ってもなお症状に改善の見込みがないと判断され、症状が固定しているときには、「治ゆ（症状固定）」の状態にあると考えら

れますが、医学意見を踏まえたうえで「治ゆ（症状固定）」であるか否かを慎重に判断します。

いったん症状の動揺がなくなった（症状固定）後に、再び治療が必要な状態が生じた（症状が悪化した）場合は、新たな発病と取扱い、「再発」の取扱いとはなりません。

したがって、改めて、認定基準により業務上外を判断することとなりますので、発病前おおむね6か月の出来事の総合評価が「強」とは認められない場合は業務外となり、保険給付は行われません。

なお、「治ゆ（症状固定）」後、症状の増悪の予防のために、長期間にわたって診察や投薬等が必要とされる場合には「アフターケア」を受けることができます。また、「治ゆ（症状固定）」後に、一定の障害（後遺障害）が残った場合には障害補償給付を受けることができます。

8 自殺の取扱い

業務によってICD－10第Ⅴ章のF0からF4に分類する精神障害を発病していたと認められる者が自殺を図った場合は、正常の判断能力が欠如して、自殺行為を思いとどまる精神的抑制力が著しく阻害されている状態に陥ったもの（故意の欠如）と推定され、原則、業務起因性を認めることとしています。

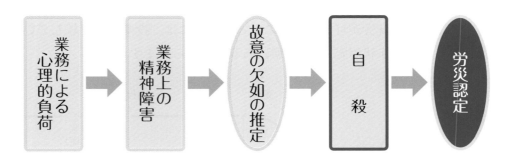

※故意に死亡またはその直接の原因となった事故を生じさせたときは、労災保険の給付は行われません。

9 複数の会社等に雇用されている労働者の取扱い

1つの勤務先での心理的負荷を評価しても労災認定できない場合は、すべての勤務先の業務による心理的負荷を総合的に評価して労災認定できるかどうかを判断します。

なお、業務による心理的負荷は、労働時間、労働日数については通算し、それぞれの勤務先での出来事をそれぞれ別表1に当てはめ心理的負荷を評価します。

その際、それぞれの職場の支援等の心理的負荷の緩和要因をはじめ、複数の会社等で労働することによる個別の状況を十分に勘案して評価します。

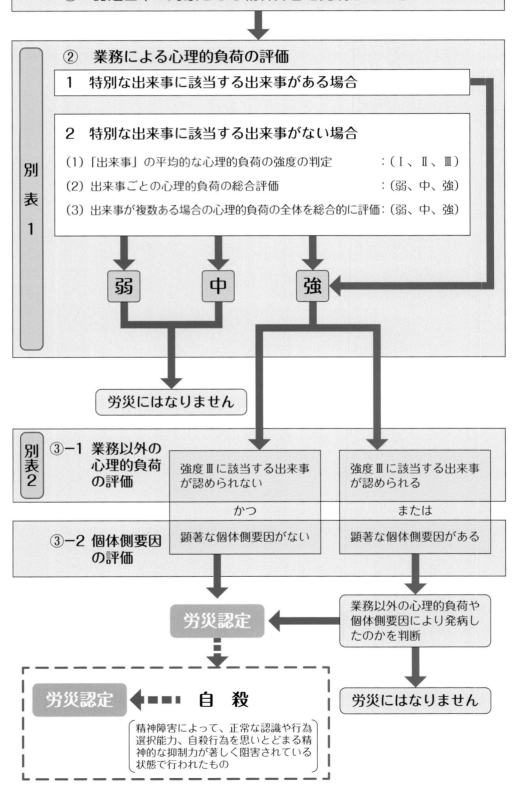

精神障害の労災認定フローチャート

① 認定基準の対象となる精神障害を発病している

別表1

② 業務による心理的負荷の評価

1 特別な出来事に該当する出来事がある場合

2 特別な出来事に該当する出来事がない場合

(1)「出来事」の平均的な心理的負荷の強度の判定 ：（Ⅰ、Ⅱ、Ⅲ）

(2) 出来事ごとの心理的負荷の総合評価 ：（弱、中、強）

(3) 出来事が複数ある場合の心理的負荷の全体を総合的に評価：（弱、中、強）

弱　中　強

労災にはなりません

別表2

③-1 業務以外の心理的負荷の評価

強度Ⅲに該当する出来事が認められない

かつ

強度Ⅲに該当する出来事が認められる

または

③-2 個体側要因の評価

顕著な個体側要因がない

顕著な個体側要因がある

業務以外の心理的負荷や個体側要因により発病したのかを判断

労災認定

労災にはなりません

労災認定 ◀━━ 自　殺

精神障害によって、正常な認識や行為選択能力、自殺行為を思いとどまる精神的な抑制力が著しく阻害されている状態で行われたもの

精神障害の労災認定事例

精神障害の労災認定事例

※別表1は、38頁〜45頁を、別表2は63頁を参照してください。

 新製品開発・製造等の担当となり、製品の廃棄処分や納期に間に合わないなどの事態が発生し、「うつ病エピソード」を発病

事例の概要

電気機械器具製造会社に従事していた被災者は、某年4月から新製品開発・製造・納品の事務局として中心的な役割を担当することとなった。

納期が短く厳しい対応が求められる中、開発及び継続的な納品を行っていた。

この状況の中で、同年9月に当該新製品で納品規格に適合しないものが生じ、この結果、納期に間に合わない事態となった上、当該製品は廃棄処分となり、多額の損失が生じた。

このころから、頭痛、倦怠感、不眠等の症状が出現し、同年11月に心療内科を受診したところ、「うつ病エピソード」と診断された。

判断のポイント

❶ 対象疾病を発病していたか

❷ 別表1の項目8「新規事業や、大型プロジェクト(情報システム構築等を含む)などの担当になった」における評価

❸ 別表1の項目4「多額の損失を発生させるなど仕事上のミスをした」における評価

業務上外の判断

❶ 主治医の意見等から被災者は、精神障害を発病していたと認められ、被災者の症状からICD−10診断ガイドラインのF32「うつ病エピソード」と判断される。

❷ 被災者は、発病前6か月以前に新製品開発・製造・納品の事務局として中心的な役割を担当することとなり、発病するまでこの業務に従事していた。

納期が短く取引先から厳しい対応が求められる中、上司とは十分な意思疎通ができず適切な支援・協力がない困難な状況で、他部署との連携を図りつつ開発及び継続的な納品を行っており、労働時間についても、発病前6か月間は毎月60〜75時間程度の時間外労働が生じていた。

これは、別表1の項目8「新規事業や、大型プロジェクト(情報システム構築等を含む)などの担当になった」に該当する。

認定した事実を項目8に当てはめて評価すると、新製品開発等の事務局の中心的な役割の担当となり納期も厳しかったことなどから、心理的負荷の強

❹　これらのことから業務による心理的負荷の総合評価は「強」であり、他に業務以外の心理的負荷、個体側要因が認められないことから、業務による強い心理的負荷を受けて発病したものと認定された。

 認定事例5　製造会社の責任者が製品の異物混入事故発生による対応、工場移転トラブルで製造の一部停止に伴う外注先への対応などの事態が発生し、「うつ病エピソード」を発症

事例の概要

　食品製造会社に従事していた被災者は、材料供給・品質管理責任者であったが、某年9月に、自社製品の大部分に使われる材料を製造している外注先で異物混入事故が発生し、50億円程度の損失が見込まれることが判明した。

　被災者は、これを回避するため、代替品の手配、外注先との交渉、材料製造手順の確認、現地での監査など、事態が収束した同年12月まで、約3か月間対応した。

　また、被災者は、同年6月から、別の材料外注先の工場移転に伴う諸手続を実施していたが、移転先でトラブルが生じるなどして移転が遅れ、この影響で同年9月に、自社工場の製造の一部が滞ることとなった。

　このため、他の外注先から材料の在庫の保存、在庫の引き取り、保管場所の確保等を求める苦情・要求を受け、その要求は温度等の保存条件や保存期間に制限があること等から切迫した強い要求で、その実現は容易ではなかった。これについて、外部倉庫の確保や在庫の一部廃棄等の対応をすることとなったが、その費用負担等について、対立する社内意見の板挟みの中で調整することとなり、移転が完了する発病時期まで継続して対応した。

　被災者は、工場移転が完了するころから不眠、意欲低下、頭痛等の症状が出現し、同年12月にメンタルクリニックを受診したところ、「うつ病」と診断された。

判断のポイント

❶　対象疾病を発病していたか
❷　別表1の項目5「会社で起きた事故、事件について、責任を問われた」における評価
❸　別表1の項目9「顧客や取引先から対応が困難な注文や要求等を受けた」における評価

業務上外の判断

❶ 主治医の意見等から被災者は、精神障害を発病していたと認められ、被災者の症状からICD−10診断ガイドラインのF32「うつ病エピソード」と判断される。

❷ 外注先での異物混入事故に対する対応については、別表1の項目5「会社で起きた事故、事件について、責任を問われた」に該当する。

　認定した事実を項目5に当てはめて評価すると、50億円程度の損失が見込まれ、これを回避するため、代替品の手配、外注先との交渉など、約3か月間対応したことから、心理的負荷の強度は「中」と評価される。

❸ 外注先の工場移転トラブルで自社工場の製造の一部が滞ることとなったことに伴い、他の外注先から材料の在庫の保存や引き取り、保管場所の確保等を求める苦情・要求に対する対応については、別表1の項目9「顧客や取引先から対応が困難な注文や要求等を受けた」に該当する。

　認定した事実を項目9に当てはめて評価すると、他の外注先の要求は、温度等の保存条件や保存期間に制限があること等から切迫した強い要求で、その実現は容易ではなく、社内意見の板挟みの中で約3か月間対応したことから、心理的負荷の強度は「中」と評価される。

❹ 業務による出来事は、項目5、項目9の心理的負荷の強度は、いずれも「中」の評価であり、それぞれ関連せずに生じているところであるが、出来事は互いに近接して重なって生じており、いずれも対応後に発病していることから、その内容、程度及び発病に至るまでの経緯等を踏まえ、全体の総合評価は「強」と判断された。

❺ 業務以外の心理的負荷を伴う出来事、個体側要因は特に認められない。

❻ これらのことから、業務による心理的負荷の総合評価は「強」であり、他に業務以外の心理的負荷、個体側要因が認められないことから、業務による強い心理的負荷を受けて発病したものと認定された。

上司の感情的な叱責、罵倒を継続的に受けたことを原因として「うつ病エピソード」を発病

事例の概要

　被災者は、人事権を有する取締役から5か月間にわたり、ほぼ毎日、幹部会議等の場で繰り返し叱責、罵倒され、ときには個別に呼び出され長時間にわたり叱責を受け、倦怠感、不眠、意欲低下等の症状が出現し、心療内科を受診し

たところ、「うつ病エピソード」と診断された。

　なお、被災者は発病3か月前に、業務外で軽度の交通事故（自損事故）を起こしている。

判断のポイント

❶　対象疾病を発病していたか

❷　別表1の項目22「上司等から、身体的攻撃、精神的攻撃等のパワーハラスメントを受けた」における評価

❸　別表2の「交通事故を起こした」の評価

業務上外の判断

❶　主治医の意見等から被災者は、精神障害を発病していたと認められ、被災者の症状からICD−10診断ガイドラインのF32「うつ病エピソード」と判断される。

❷　被災者は、営業成績が低調であることを理由に、実質的に人事・業務の両執行権を有する取締役から、ほぼ毎日のように幹部会議等の場で継続的に感情的な叱責、罵倒を容赦なく受けた。

❸　また、「君はどこの会社に行っても勤まらないから当社においてやっている」「君のこんな姿を奥さんが見たら悲しむだろうな」など、被災者の人格・人間性を否定するような言動もあった。

❹　ときには、個別に呼び出され、営業方法等を必要以上に細かく指示を受け、他の社員には課していない「営業レポート」の提出を毎日求められ、このレポートの内容についても、幹部会議等の場で叱責等を受けた。

❺　以上、❷〜❹から、被災者の発病の原因となった出来事としては、別表1の項目22「上司等から、身体的攻撃、精神的攻撃等のパワーハラスメントを受けた」に該当する。

　認定した事実を項目22に当てはめて評価すると、被災者が受けた上司からの叱責、罵倒については、業務指導の範囲を逸脱し、人格や人間性を否定する言動が含まれ執拗に行われていることから、「強」と評価される。

❻　業務以外の出来事として、発病の3か月前に交通事故を起こしている。これは、別表2の④「事件、事故、災害の体験」の「交通事故を起こした」に該当し、この出来事の心理的負荷の強度は「Ⅱ」である。

　なお、「Ⅲ」に該当する業務以外の出来事は、特に認められない。

❼　個体側要因は特に認められない。

❽　これらのことから、業務による心理的負荷の総合評価は「強」であること、また、業務以外の心理的負荷の強度は「Ⅱ」であること、個体側要因は特に

認められないことから、業務による強い心理的負荷を受けて発病したものと認定された。

 アシスタント美容師が教育係の先輩スタイリストから、大声で怒鳴られたことが原因で「うつ病エピソード」を発病

事例の概要

美容室に入社し、美容師のアシスタントをしていた被災者は、某年5月頃、教育係の先輩スタイリストから、電話対応に関して、大声で怒鳴られた。

被災者は、大声で怒鳴られた5月以降、頭痛、意欲低下、集中力低下、不眠等の症状が出現し、同年6月、心療内科を受診したところ、「うつ病エピソード」と診断された。

また、同年4月、ほかのアシスタントが入院したために、そのアシスタントが復帰するまでの間（4月下旬頃から6月初旬）、被災者の勤務日数や時間外労働時間が増えたことが確認された。

判断のポイント

❶ 対象疾病を発病していたか

❷ 別表1の項目22「上司等から、身体的攻撃、精神的攻撃等のパワーハラスメントを受けた」における評価

❸ 別表1の項目11「仕事内容・仕事量の大きな変化を生じさせる出来事があった」における評価

業務上外の判断

❶ 主治医の意見等から、被災者は、精神障害を発病していたと認められ、被災者の症状からICD−10診断ガイドラインのF32「うつ病エピソード」と判断される。

❷ 被災者は、某年5月頃、教育係の先輩スタイリストから、電話対応に関して、「何回も教えたのに何やってんだ。ほんと教えがいがないよな。やる気がないならやめちまえ。この役立たずが。」と大声で数分間にわたり怒鳴られたことが確認された。

これは、別表1の項目22「上司等から、身体的攻撃、精神的攻撃等のパワーハラスメントを受けた」に該当し、この行為は、反復・継続していない人格や人間性を否定するような、業務上明らかに必要性のない精神的攻撃と認

められ、心理的負荷の強度は「中」と評価される。

❸ 同年4月にアシスタントが入院したために、そのアシスタントが復帰するまでの間は、被災者の勤務日数が増えたことが確認され、発病3か月前の時間外労働時間数は22時間であったのに対し、発病前2か月間の時間外労働時間数は、1か月に84時間の時間外労働を行っていたことが確認された。

これは、別表1の項目11「仕事内容・仕事量の大きな変化を生じさせる出来事があった」に該当し、心理的負荷の強度は「中」と評価される。

❹ 業務による出来事は、項目22、項目11の心理的負荷の強度は、いずれも「中」の評価であるが、複数の出来事は互いに近接して重なって生じており、勤務日数が増えたことによる時間外労働時間数が1か月に80時間を超えるなど、その内容、程度及び発病に至るまでの経緯等を踏まえ、全体の総合評価は「強」と判断された。

❺ 業務以外の心理的負荷を伴う出来事、個体側要因は特に認められない。

❻ これらのことから、業務による心理的負荷の総合評価は「強」であり、他に業務以外の心理的負荷、個体側要因が認められないことから、業務による強い心理的負荷を受けて発病したものと認定された。

 長時間の時間外労働が長期間継続したことを原因として自殺

事例の概要

被災者は、物流会社の契約社員として荷物の仕分け作業に従事していたところ、人員削減と繁忙期が重なり、長時間の時間外労働が続き、「疲れた、辞めたい」と家族に訴えていた。言動がおかしかったため、家族は病院へ行くように強く勧めたが、受診することなく自殺した。

判断のポイント

❶ 被災者は、精神障害を発病していたか

❷ 別表1の項目12「1か月に80時間以上の時間外労働を行った」における評価

業務上外の判断

❶ 関係資料や精神障害専門部会の意見から、被災者は、精神障害を発病していたと認められ、被災者の症状からICD-10診断ガイドラインのF3「気分（感

情）障害」と判断される。

❷　短期アルバイトを経て、契約社員となり、2年以上継続して所定労働時間である午前7時から午後4時（休憩1時間）まで働き、この間、月平均20時間程度の時間外労働があった。

❸　その後、人員削減で被災者が所属する作業班は、20人から12人まで減らされたことにより時間外労働時間数が増加し、さらに、お盆、年末年始の繁忙期とも重なり、発病前6か月間の時間外労働時間数は、「1月103時間」「12月122時間」「11月110時間」「10月90時間」「9月86時間」「8月107時間」「7月122時間」であった。

　　また、同僚も同程度の時間外労働を行っており、この業務では、通常、この程度の時間外労働を要するものであった。

　　長時間労働以外には特段の業務による出来事は認められなかった。

　　これらのことから、被災者の発病の原因となった業務による出来事は、別表1の項目12「1か月に80時間以上の時間外労働を行った」に該当する。

　　認定した事実を項目12に当てはめて評価すると、発病直前の連続した3か月間に、1月当たりおおむね100時間以上の時間外労働を行い、その業務内容が通常その程度の労働時間を要するものであったことから「強」と評価される。

❹　業務以外の出来事による心理的負荷については、特段の問題は認められず、また、個体側要因についても精神障害の既往歴はなく、生活史、アルコール依存状況、性格傾向等について特段の問題が認められなかった。

❺　これらのことから、業務による心理的負荷の総合評価は「強」であり、業務以外の出来事、個体側要因に特段の問題がないことから、業務により強い心理的負荷を受けて発病したものと認められ、F3「気分（感情）障害」により、正常の認識、行為選択能力が著しく阻害され、または、自殺行為を思いとどまる精神的な抑制力が著しく阻害された状態で自殺したものと判断され、労災と認定された。

認定事例❾　自社ホームページの全面改訂に伴うトラブル等の対応のために長時間労働を行ったことが原因で「適応障害」を発病

事例の概要

　不動産会社にWebデザイナーとして勤務していた被災者は、某年10月中旬に自社HPの全面改訂を行うため、その事前準備、リリース後のエラー修正対応

で業務量が増加した。

　被災者は、同年10月以降、不眠、倦怠感、頭痛、イライラ等の症状が出現したため、メンタルクリニックを受診したところ、「適応障害」と診断された。

判断のポイント

❶　対象疾病を発病していたか

❷　別表1の項目11「仕事内容・仕事量の大きな変化を生じさせる出来事があった」における評価と労働時間の認定

業務上外の判断

❶　主治医及び専門医の意見等から、被災者は、精神障害を発病していたと認められ、被災者の症状からICD－10診断ガイドラインのF43「適応障害」と判断される。

❷　被災者は、某年10月中旬に、自社HPの全面改訂を行うため、その事前準備、リリース後のエラー修正への対応により業務量が増加したことが確認され、発病2か月前の時間外労働時間数は23時間、発病前1か月間の時間外労働時間数は110時間と、1か月あたり100時間以上に急増したことが確認された。

　なお、時間外労働時間にあたっては、以下の内容についても業務として認められたことから、これらを含めて労働時間を算出した。

○実態として参加が義務付けられている朝会

○本事案の対応のために勤務が確認された休日労働

○本事案の対応のために作業が確認された持ち帰り残業

　これは、別表1の項目11「仕事内容・仕事量の大きな変化を生じさせる出来事があった」に該当し、心理的負荷の強度は「強」と評価される。

❸　業務以外の心理的負荷及び個体側要因を検討したところ、個体側要因について、被災者は、5年ほど前に8か月間、メンタルクリニックに「適応障害」で通院していた事実が確認されたが、既に寛解したものと認められる。

　業務以外の心理的負荷は特に認められない。

❹　これらのことから、業務による心理的負荷の総合評価は「強」であり、他に業務以外の心理的負荷、個体側要因が認められないことから、業務による強い心理的負荷を受けて発病したものと認定された。

認定事例 10

所定労働時間を大幅に超える時間外労働や２週間以上にわたる連続勤務を原因として自殺

事例の概要

　県立病院で産婦人科の研修医として勤務していた被災者は、平日の時間外労働以外にも、休日労働、当直等の業務に従事していた。元々身なりをきれいに清潔にしていた被災者の身なりの乱れが確認されていたが、同僚にLINEで「もう疲れた。ごめんね。あとはよろしく。」と送信した日に、自宅にて縊死した。

判断のポイント

❶　被災者は、精神障害を発病していたか

❷　別表１の特別な出来事の類型「極度の長時間労働」に該当するか

❸　労働時間の認定

業務上外の判断

❶　調査結果や精神障害専門部会の意見から、被災者は、精神障害を発病していたと認められ、被災者の症状からICD−10診断ガイドラインのＦ３「気分（感情）障害」と判断される。

❷　被災者の時間外労働は、勤務表によるシフトはあったものの、勤務実態と乖離している実態が確認されたため、以下の考え方を踏まえて労働時間を認定した。

○手術対応の時間外労働

　　手術記録、当直日誌及び電子カルテのログイン・ログアウト記録により、所定労働時間外の手術室への入退室時間を把握して労働時間を算出した。

○休日労働

　　土日、祝日の電子カルテの最初のログイン時刻を始業時刻、最後のログアウト時刻を終業時刻として、労働時間を算出した。

○当直

　　当直日誌より、当直した日は特定できたものの、手術や処置等に対応した時刻や要した時間数が日誌に記載されていなかったため、電子カルテにアクセスした記録により、処置等に対応した時間数を推計し、労働時間を算出した。

❸　認定の結果、被災者の時間外労働は、発病前の１か月におおむね160時間を超える極度の長時間労働を行っていたことが確認された。

　　これは、別表１の特別な出来事の類型「極度の長時間労働」に該当し、心

災者の症状からICD－10診断ガイドラインのＦ32「うつ病エピソード」と判断される。

❷　被災者は、某年５月、庭木の剪定作業中に脚立から転落し、脊髄損傷の負傷により、以後、６か月を超えて療養を継続していた。

　療養期間中は脊髄損傷による苦痛に加え、療養期間中に主治医から今後の社会復帰が困難であることが伝えられた。

　主治医の発言等から社会復帰が困難である現実に直面し、家族の今後の生活等を考えては落ち込むという日々を繰り返していた状況が認められることから、これは、別表１の項目１「業務により重度の病気やケガをした」に該当し、業務上の傷病による療養生活が強い心理的負荷となっていたと考えられるため、心理的負荷の強度は「強」と評価される。

❸　業務以外の心理的負荷及び個体側要因を検討したところ、個体側要因について、被災者は、８年前に不眠等により複数回の精神科の受診が認められたが、現在は症状も出現しておらず、本件の発症に至るまでの期間も支障なく仕事に従事していたことから、本件疾病とは無関係と判断した。

　業務以外の心理的負荷は特に認められない。

❹　これらのことから、業務による心理的負荷の総合評価は「強」であり、他に業務以外の心理的負荷、個体側要因が認められないことから、業務による強い心理的負荷を受けて発病したものと認定された。

精神障害の認定基準に
かかるQ&A

精神障害の認定基準にかかるQ&A

※Q&Aの中で「項目○」とありますが、これは、別表1の（具体的出来事）の項目番号ですので、38頁〜45頁を参照してください。

Q 1 別表1「業務による心理的負荷評価表」の心理的負荷の強度

別表1の（具体的出来事）で「平均的な心理的負荷の強度」は、「Ⅰ」「Ⅱ」「Ⅲ」と表現され、「心理的負荷の強度を判断する具体例」では、「弱」「中」「強」と表現されていますが、「Ⅰ」＝「弱」、「Ⅱ」＝「中」、「Ⅲ」＝「強」と判断してもよいのでしょうか。

A 「Ⅰ」「Ⅱ」「Ⅲ」は、出来事の平均的な心理的負荷の強度を示しています。

一方、「弱」「中」「強」は、当該事案の出来事と出来事後の状況を加味した心理的負荷の強度を示していることから、異なる表現を用いています。

例えば、「Ⅲ」の出来事について、通常生じると考えられる出来事後の状況を加味すれば、それらを総合した心理的負荷は「強」となることが想定されます。「Ⅱ」と「中」、「Ⅰ」と「弱」の関係も同様です。

Q 2 別表1「業務による心理的負荷評価表」の「特別な出来事」

別表1の「特別な出来事」で「心理的負荷が極度のもの」について、「心理的負荷の総合評価を「強」とするもの」の中に「生死にかかわる、極度の苦痛を伴う、又は永久労働不能となる後遺障害を残す業務上の病気やケガをした」とありますが、ここでいう「永久労働不能となる後遺障害」とは、障害等級何級以上を指すのでしょうか。

A 障害等級表は、労働能力そう失の程度に応じ、障害の等級を第1級から第14級までの14段階に区分されています。

ご質問の「永久労働不能となる後遺障害」とは、障害等級第3級（労働能力損失率100％）以上と考えられます。

Q 3 ストレスに関する強度

日常のストレスであっても「通常の仕事の範囲」であれば出来事にならないとも考えられますが、心理的負荷の強度が「弱」の出来事にさえならないストレスの考え方はあるのでしょうか。

心理的負荷の強度が「弱」の出来事さえならないストレスの考え方はありません。

何らかの出来事があれば、その心理的負荷は「弱」「中」「強」のいずれかに分類することとなります。

なお、「出来事なし」とは、請求人の方が主張する出来事について調査を行った結果、その事実がなかった場合を想定したものです。

Q 4 感染症等に罹患する危険性の高い業務
項目14「感染症等の病気や事故の危険性が高い業務に従事した」について、感染症等に罹患する危険性の高い業務は、医療機関や介護施設のほかに、タクシー運転手や飲食業など、業務の性質上、第三者への感染を防止するため防護対策を取らざるを得なかった業種は含まれますか。

A 感染症等に罹患する危険性の高い業務とは、医療機関・介護施設等において主として当該感染症等の患者と直接接触し、診療・看護・介護等が必要な業務を想定しています。

したがって、不特定多数の顧客等と接触するため感染の可能性がある業務に従事したことについては、項目14ではなく、項目11「仕事内容・仕事量の大きな変化を生じさせる出来事があった」などにより評価します。

ただし、タクシー運転手で感染症等の感染者からの要請があった場合に送迎を行う担当となったようなときには、項目14で評価します。

なお、項目14で評価する場合であっても、当該感染症にかかる医学的知見の状況、流行状況、防護対策の確立の程度やワクチンの普及による感染時の重症化の可能性等は大きく異なっており、その心理的負荷は常に同一に評価されるものではありませんので、「弱」「中」「強」の具体例も参考に個別に評価することとなります。

Q 5 重度のケガや悲惨な事故の体験
業務中に交通事故で、自らが被災し、事故も悲惨であった場合は、どのような評価をするのですか。

A 自らが被災した出来事で事故も悲惨であった場合については、項目1「業務により重度の病気やケガをした」および項目2「業務に関連し、悲惨

な事故や災害の体験、目撃をした」にそれぞれ当てはめて、いずれかの項目で「強」と判断される場合には、その該当する項目で評価することとなります。

　また、どちらの項目で評価しても「強」に至らない場合は、それぞれの出来事にあてはめて心理的負荷を評価したうえで、出来事が複数ある場合として全体評価を行うこととなります。

悲惨な事故の目撃

項目2「業務に関連し、悲惨な事故や災害の体験、目撃をした」の「目撃」は、事件の一部始終を見ていることが必要ですか。

また、例えば職場などの関係者の縊死を発見した場合は、その時点での物理的な救助は不可能ですので、「中」の具体例にある「本人が被災者を救助できる状況等でもなかった」と判断されるのですか。

前段については、事件の一部始終を目撃したことまでは必要としません。例えば、事件後の状況のみを目撃した場合であっても、目撃した内容などによって、心理的負荷の強度を評価することになります。

　また、後段については、職場など当該関係者との関係性が深く、縊死を止められるかもしれない立場にあったのであれば、「中」の「救助できる状況等でもなかった」との評価ではなく、「強」の「被災者を救助することができたかもしれない状況」と評価される可能性はあります。

長期間の入院

項目1「業務により重度の病気やケガをした」の具体例のうち、【「強」である例】で「長期間の入院を要する」とありますが、「長期間」とはどの程度の入院期間ですか。

おおむね2か月以上の入院は、「長期間」と考えられます。

　なお、それより短い期間については、心理的負荷の総合評価の視点を踏まえ、医学的意見を参考に判断する必要があるとされています。

　また、この具体例では、本人からの愁訴はあるものの医学的に合理性のないものは含まれません。

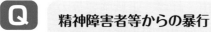

Q8 精神障害者等からの暴行

精神科病院や介護施設などで就労する労働者は、責任能力を問えない利用者（精神障害者・認知症患者）から治療を要する暴行を受けるケースが想定されます。

このケースは項目27「顧客や取引先、施設利用者等から著しい迷惑行為を受けた」で評価されると考えられますが、事業場の関係者から「暴行は日常茶飯事で心理的負荷は弱い」との証言があった場合には、心理的負荷の強度を弱めて評価されることになりますか。

A 施設利用者から暴行を受けた場合に、関係者から「暴行は日常茶飯事で心理的負荷は弱い」との証言があるのみをもって、心理的負荷の強度が弱まるものではありません。

なお、具体例に示されている内容に実際の事実関係が合致するときには、その強度で評価することになります。

Q9 上司からの暴行

自らが作った原因で上司から暴行を受けた場合は、項目22「上司等から、身体的攻撃、精神的攻撃等のパワーハラスメントを受けた」で評価するのですか。

A 原因が当該労働者であっても、例えば、上司から治療を要する程度の暴行等身体的攻撃を受けた場合には、項目22の「強」の具体例に該当し、心理的負荷は「強」と考えられます。

ただし、私的怨恨に基づくものや自招行為によるもの（相互に暴力を含む私闘（けんか）等）は、「強」の具体例に含まれません。

Q10 退職の強要

項目16「退職を強要された」について、どのようなケースが退職を強要されたことになるのでしょうか。

A さまざまな形で行われる退職を求める働きかけや、解雇の通知を受けたことに伴う心理的負荷を評価します。

また、いわゆる退職勧奨や早期退職者の募集であって、退職を強要されたとはいえない場合にもこの項目で評価します。

　具体的には、退職強要・退職勧奨に至る理由・経緯、退職強要等の態様、強要の程度、解雇に至る理由・経過、解雇通告や理由説明の態様、職場の人間関係等を視点に評価を行います。

　したがって、退職や解雇に至ったという結果のみをもって評価が定まるものではありません。

Q11　長時間労働に関する強度

項目12「1か月に80時間以上の時間外労働を行った」の「強」の具体例について、発病直前の連続した2か月間は、いずれの月も120時間以上でなければならないのでしょうか。

A　いずれの月もおおむね120時間以上でなければならないものですが、あくまで「おおむね」ですので、必ずどの月も120時間を超えていなければならないわけではありません。

　例えば、発病直前の月が115時間、2か月前が130時間といった場合には、これに該当するものと考えられます。

　なお、時間外労働について、休憩時間は少ないが、手待ち時間が多い場合など、労働密度が特に低い場合は除かれます。

Q12　連続勤務の考え方

項目13「2週間以上にわたって休日のない連続勤務を行った」について、2週間以上とは14日以上連続とのことでしょうか。

A　週休2日制を想定して、ある月曜日から次の週の金曜日まで連続して（12日間続けて）勤務した場合には、「2週間以上にわたって休日のない連続勤務を行った」と評価できると考えられます。

Q13　長時間労働に関する同種労働者との比較

同種労働者を基準に評価することとなっていますが、同僚も長時間労働をしている場合の評価は弱くなるのでしょうか。

A 認定基準では、心理的負荷の強度の評価は、精神障害を発病した労働者が、その「出来事」および「出来事後の状況が持続する程度」を主観的にどう受け止めたかではなく、同種の労働者（職種、職場における立場や職責、年齢、経験等が類似する者）が一般的にどう受け止めるかという観点から評価されるものです。

　したがって、職場の同僚等も長時間労働を行っていたとしても、相当な長時間労働は、同僚等も含め一般に労働者にとって強い心理的負荷を与えるものですから、職場全体が長時間労働をしているからといって、その心理的負荷が弱くなるものではありません。

Q 14 恒常的長時間労働に関する出来事の起点
発生時期が異なる出来事が複数ある場合の恒常的長時間労働は、どの出来事を起点とするのですか。

A 発生時期が異なる出来事が複数ある場合は、それぞれの出来事を起点として、恒常的長時間労働の評価を行うこととなります。

Q 15 極度の長時間労働
極度の長時間労働として、1か月160時間以上に相当する、例えば、発病直前の1週間に40時間以上、2週間に80時間以上の時間外労働を行った場合も該当するのでしょうか。

A 認定基準では、「極度の長時間労働」として、「発病直前の1か月におおむね160時間を超えるような、又はこれに満たない期間にこれと同程度の（例えば3週間におおむね120時間以上の）時間外労働を行った」が示されています。

　これからすると、ご質問のように1週間に40時間（120時間÷3週間）や2週間に80時間（120時間÷3週間×2週間）ということも考えられますが、「極度の長時間労働」は、その持続期間と労働時間の長さの双方を考慮して示されているものですから、ご質問の場合のような「発病直前の1週間に40時間以上、2週間に80時間以上の時間外労働」を行ったのみでは、「極度の長時間労働」には該当しません。

Q16 **自殺**
遺書を残しての自殺は、業務上と認定されるのですか。

A 業務による心理的負荷によって精神障害を発病した人が自殺を図った場合は、まず、業務が原因として精神障害を発病したこと、すなわち認定基準に該当することを前提としたうえで、精神障害によって、正常な認識や行為選択能力、自殺行為を思いとどまる精神的な抑制力が著しく阻害されている状態に陥ったもの（故意の欠如）と推定され、原則としてその死亡は労災認定されます。

したがって、遺書の存在のみをもって、ただちに「覚悟の自殺（故意）」と判断されることはありません。

Q17 **上司からのパワーハラスメント①**
項目22「上司等から、身体的攻撃、精神的攻撃等のパワーハラスメントを受けた」の心理的負荷の強度が「強」である具体例で、「精神的攻撃が執拗に行われた場合」とありますが、「執拗」とは、どのような場合が想定されますか。
例えば、語尾などに「バカ」、「アホ」と付けてしまうことが口癖だった場合は、「執拗」になりますか。

A ご質問の「執拗」とは、主に、しつこく何度も繰り返し行われた場合を想定しています。

具体的には、回数（頻度）や時間的経過の要素（長さ・行為ごとの間隔の密度）などを考慮して評価されます。

なお、精神的攻撃が1日だけの場合であっても、その1日の中での回数や時間を考慮し、長時間にわたって、またはしつこく何度も繰り返し行われた場合は、「執拗」と判断する場合があります。

また、上司等の口癖で「バカ」、「アホ」と言ってしまう場合でも、叱責の場では人間性を否定する発言となりますので、特定の者だけに対する発言であるか、意図しての発言であるかなど、客観的視点からその発言の態様や手段を総合的に評価して「執拗」に行われたか否かを評価することになります。

Q 18 上司からのパワーハラスメント②

項目22「上司等から、身体的攻撃、精神的攻撃等のパワーハラスメントを受けた」について、「強」の具体例に「他の労働者の面前における大声での威圧的な叱責など、態様や手段が社会通念に照らして許容される範囲を超える精神的攻撃」とありますが、例えば、「物を投げつける」、「机を強く叩いて大きな音を出す」などの行為は、これに類するものとして考えてよいですか。

A パワーハラスメント指針（117頁参照）では、身体的な攻撃（暴行・傷害）として相手に物を投げつけること、精神的な攻撃（脅迫・名誉棄損・侮辱・ひどい暴言）として他の労働者の面前における大声での威圧的な叱責を繰り返し行うこと、が例示されています。

このことから、ご質問の「物を投げつける」行為は、身体的攻撃に該当し、「机を強く叩いて大きな音を出す」といった行為は、威圧的な叱責と言えるため精神的攻撃に含まれるものと解されます。

Q 19 上司からのパワーハラスメント③

項目22「上司等から、身体的攻撃、精神的攻撃等のパワーハラスメントを受けた」について、「強」の具体例に「治療を要する程度の暴行等の身体的攻撃を受けた」とありますが、例えば、切り傷を負い、市販の絆創膏などで自主治療を行った場合は、治療には該当しませんか。また、治療を要さなくとも、「髪の毛を切られる」、「水をかけられる」などの行き過ぎた行為の場合は、「治療を要する程度の暴行等の身体的攻撃を受けた」に該当しますか。

A 「治療を要する程度」とは、医療機関に受診し、積極的かつ適切な治療が必要と診断がされたものを前提としていますが、市販薬等での自主的な治療を行っていた場合でも、本来は医療機関での適切な治療を要する状態であったか否かを調査したうえで判断することとなります。

また、無理矢理に髪を切られた場合は、刑法で暴行罪に問われるものであり、その程度や反復・継続など執拗性を考慮して評価することとなります。

例えば、容姿の変化が一見して分かるほどに髪を切られるなどの常軌を逸した行為は、「暴行等の身体的攻撃を執拗に受けた場合」に該当するものと評価できます。

　水をかけられた場合についても、かけられた液体の種類、回数（頻度）、態様を考慮し、「暴行等の身体的攻撃を執拗に受けた場合」に該当するか否かを評価することとなります。

Q 20 　上司からのパワーハラスメント④
項目22「上司等から、身体的攻撃、精神的攻撃等のパワーハラスメントを受けた」について、上司から受けたパワーハラスメントによる心理的負荷は「中」ですが、その後、周りとのコミュニケーションが取れなくなった場合は、パワーハラスメント後の人間関係が悪化したとして心理的負荷は「強」となりますか。

A 　会社の対応の有無および内容、就業環境を害される程度のものかどうかを総合的に判断しますので、単に当該労働者がパワーハラスメント後に周りとのコミュニケーションが取れなくなったとの理由だけでは、心理的負荷は「強」となりません。

Q 21 　上司からのパワーハラスメント⑤
具体的出来事で、項目22「上司等から、身体的攻撃、精神的攻撃等のパワーハラスメントを受けた」と項目23「同僚等から、暴行又はひどいいじめ・嫌がらせを受けた」、項目24「上司とのトラブルがあった」は、類似しているように思われますが、どのように区別されるのでしょうか。

A 　職場におけるパワーハラスメントの定義は、職場において行われる①優越的な関係を背景とした、②業務上必要かつ相当な範囲を超えたものにより、③就業環境を害すること、の3つの要素をすべて満たす言動とされています。
　そのため、職場において上司等から受けた業務上必要のない行為、例えば、労働者の問題行動に対応する指導・叱責等であっても、その態様等が社会通念から逸脱しているものや、人格・人間性否定にあたる言動があるものについては、項目22「上司等から、身体的攻撃、精神的攻撃等のパワーハラスメントを受けた」で評価します。
　なお、「上司等」の考え方については、社内の立場上では同僚であっても、経歴の差に基づく優越性や、複数の同僚でその者らの協力なしに当該労働者の

業務遂行ができないといった優越性を有した関係にある者は「上司等」に含まれます。

これらによらない「同僚・部下等」から受けた労働者の問題行動に対応する指導・叱責等であっても、その態様等が社会通念から逸脱しているものや、人格・人間性否定にあたる言動の行為は、項目23「同僚等から、暴行又はひどいいじめ・嫌がらせを受けた」で評価します。

上司等から受けた行為であっても、「業務上必要かつ相当な範囲内の指導・叱責」が客観的に確認できる場合、例えば、労働者の問題行動に対応する指導・叱責の態様等が社会通念上妥当であり、指導・叱責の中で人格・人間性否定に当たる言動がないようなものについては項目24「上司とのトラブルがあった」で評価します。

セクシュアルハラスメント

項目29「セクシュアルハラスメントを受けた」について、職場の上司や同僚が、職場外（業務とは直接関係のない場面）で行った性的な言動は、どのような場合に「職場におけるセクシュアルハラスメント」（業務による出来事）として評価されますか。

A 「職場におけるセクシュアルハラスメント」に該当するか否かは、セクシュアルハラスメント指針（129頁参照）に基づいて判断されますが、懇親会など職場以外の場所における行為であっても直ちに業務以外の出来事とは判断できず、かえって上司がその立場等を利用して行っている場合には、業務による出来事として評価すべき場合が多くあるものと考えられます。

一方で、休日に業務と関係なく2人のみで出かけた場合などで、純粋に個人的な関係の下における行為と判断する場合には、業務による出来事とは認められないものと考えられます。

医学意見の収集

今回の認定基準改正では、医学意見の収集方法を効率化するため、これまでの専門医3名の合議による意見収集から、特に困難なものを除き専門医1名の意見で決定できるように変更されましたが、「特に困難なもの」とはどのような事案でしょうか。

A 「特に困難なもの」とは、専門医や労基署長が高度な医学的検討が必要と判断した事案とされていますが、どのような場合に高度な医学的検討が必要かということを一律にお示しすることは困難と考えられます。

　因みに、①業務による強い心理的負荷が認められる事案で、顕著な業務以外の心理的負荷または個体側要因により発病したといえるかについて判断する場合（認定要件2を満たすが、認定要件3で業務起因性が否定されるような場合）②治療歴のない自殺事案で、対象疾病の発病が否定され得るような場合、③既存の精神障害の悪化に該当する事案で、業務による強い心理的負荷があるが、その内容や悪化前の精神障害の状況、業務以外の心理的負荷、悪化の態様やこれに至る経緯から悪化の業務起因性が否定され得るような場合等については、高度な医学的検討が必要であると考えられます。

 再発

労災認定された精神障害の疾病がいったん治ゆ（症状固定）した後に再びその治療が必要な状態が生じた場合は、「再発」したとして労災保険給付が受けられますか。

 A 労災認定された精神障害の疾病について、いったん症状の動揺がなくなって、治ゆ（症状固定）した後に再び治療が必要な状態が生じた場合には、新たな発病として取り扱うことになると考えられます。

　症状が継続しており、症状の動揺が大きくなったような事案は、療養が必要な状態が継続していますので、そもそも治ゆ（症状固定）と判断できないと考えられます。

　したがって、精神障害の労災認定については、「再発」として取り扱う具体的なケースはないと考えられます。

通勤災害における精神障害

 通勤災害における精神障害については、認定基準によって判断される
のですか。

精神障害の認定基準は、業務による心理的負荷を原因とする精神障害の
業務上外を判断するためのものですが、精神障害が通勤による疾病に該
当するか否かについても、精神障害の認定基準を準用して判断することとなり
ます。

参考資料

1　心理的負荷による精神障害の認定基準について

（令和5年9月1日　基発0901第2号）

第1　対象疾病

　　本認定基準で対象とする疾病（以下「対象疾病」という。）は、疾病及び関連保健問題の国際統計分類第10回改訂版（以下「ICD－10」という。）第Ⅴ章「精神及び行動の障害」に分類される精神障害であって、器質性のもの及び有害物質に起因するものを除く。

　　対象疾病のうち業務に関連して発病する可能性のある精神障害は、主としてICD－10のF2からF4に分類される精神障害である。

　　なお、器質性の精神障害及び有害物質に起因する精神障害（ICD－10のF0及びF1に分類されるもの）については、頭部外傷、脳血管障害、中枢神経変性疾患等の器質性脳疾患に付随する疾病や化学物質による疾病等として認められるか否かを個別に判断する。

　　また、心身症は、本認定基準における精神障害には含まれない。

第2　認定要件

　　次の1、2及び3のいずれの要件も満たす対象疾病は、労働基準法施行規則別表第1の2第9号に該当する業務上の疾病として取り扱う。

1　対象疾病を発病していること。

2　対象疾病の発病前おおむね6か月の間に、業務による強い心理的負荷が認められること。

3　業務以外の心理的負荷及び個体側要因により対象疾病を発病したとは認められないこと。

　　また、要件を満たす対象疾病に併発した疾病については、対象疾病に付随する疾病として認められるか否かを個別に判断し、これが認められる場合には当該対象疾病と一体のものとして、労働基準法施行規則別表第1の2第9号に該当する業務上の疾病として取り扱う。

第3　認定要件に関する基本的な考え方

　　対象疾病の発病に至る原因の考え方は、環境由来の心理的負荷（ストレス）と、個体側の反応性、脆弱性との関係で精神的破綻が生じるかどうかが決まり、心理的負荷が非常に強ければ、個体側の脆弱性が小さくても精神的破綻が起こり、脆弱性が大きければ、心理的負荷が小さくても破綻が生ずるとする「ストレス－脆弱性理論」に依拠している。

　　このため、心理的負荷による精神障害の業務起因性を判断する要件としては、対象疾病が発病しており、当該対象疾病の発病の前おおむね6か月の間に業務による

強い心理的負荷が認められることを掲げている。

　さらに、これらの要件が認められた場合であっても、明らかに業務以外の心理的負荷や個体側要因によって発病したと認められる場合には、業務起因性が否定されるため、認定要件を前記第2のとおり定めた。

第4　認定要件の具体的判断

1　発病等の判断

（1）発病の有無等

　対象疾病の発病の有無及び疾患名は、「ICD－10　精神及び行動の障害臨床記述と診断ガイドライン」（以下「診断ガイドライン」という。）に基づき、主治医の意見書や診療録等の関係資料、請求人や関係者からの聴取内容、その他の情報から得られた認定事実により、医学的に判断する。

　自殺に精神障害が関与している場合は多いことを踏まえ、治療歴がない自殺事案については、うつ病エピソードのように症状に周囲が気づきにくい精神障害もあることに留意しつつ関係者からの聴取内容等を医学的に慎重に検討し、診断ガイドラインに示す診断基準を満たす事実が認められる場合又は種々の状況から診断基準を満たすと医学的に推定される場合には、当該疾患名の精神障害が発病したものとして取り扱う。

（2）発病時期

　発病時期についても診断ガイドラインに基づき判断する。その特定が難しい場合にも、心理的負荷となる出来事との関係や、自殺事案については自殺日との関係等を踏まえ、できる限り時期の範囲を絞り込んだ医学意見を求めて判断する。

　その際、強い心理的負荷と認められる出来事の前と後の両方に発病の兆候と理解し得る言動があるものの、診断基準を満たした時期の特定が困難な場合には、出来事の後に発病したものと取り扱う。

　また、精神障害の治療歴のない自殺事案についても、請求人や関係者からの聴取等から得られた認定事実を踏まえ、医学専門家の意見に基づき発病時期を判断する。その際、精神障害は発病していたと考えられるものの、診断ガイドラインに示す診断基準を満たした時期の特定が困難な場合には、遅くとも自殺日までには発病していたものと判断する。

　さらに、生死にかかわるケガ、強姦等の特に強い心理的負荷となる出来事を体験した場合、出来事の直後に解離等の心理的反応が生じ、受診時期が遅れることがある。このような場合には、当該心理的反応が生じた時期（特に強い心理的負荷となる出来事の直後）を発病時期と判断して当該出来事を評価の対象とする。

2　業務による心理的負荷の強度の判断
(1)　業務による強い心理的負荷の有無の判断

　　認定要件のうち「2　対象疾病の発病前おおむね6か月の間に、業務による強い心理的負荷が認められること」（以下「認定要件2」という。）とは、対象疾病の発病前おおむね6か月の間に業務による出来事があり、当該出来事及びその後の状況による心理的負荷が、客観的に対象疾病を発病させるおそれのある強い心理的負荷であると認められることをいう。

　　心理的負荷の評価に当たっては、発病前おおむね6か月の間に、対象疾病の発病に関与したと考えられるどのような出来事があり、また、その後の状況がどのようなものであったのかを具体的に把握し、その心理的負荷の強度を判断する。

　　その際、精神障害を発病した労働者が、その出来事及び出来事後の状況を主観的にどう受け止めたかによって評価するのではなく、同じ事態に遭遇した場合、同種の労働者が一般的にその出来事及び出来事後の状況をどう受け止めるかという観点から評価する。この「同種の労働者」は、精神障害を発病した労働者と職種、職場における立場や職責、年齢、経験等が類似する者をいう。

　　その上で、後記(2)及び(3)により、心理的負荷の全体を総合的に評価して「強」と判断される場合には、認定要件2を満たすものとする。

(2)　業務による心理的負荷評価表

　　業務による心理的負荷の強度の判断に当たっては、別表1「業務による心理的負荷評価表」（以下「別表1」という。）を指標として、前記(1)により把握した出来事による心理的負荷の強度を、次のとおり「強」、「中」、「弱」の三段階に区分する。

　　なお、別表1においては、業務による強い心理的負荷が認められるものを心理的負荷の総合評価が「強」と表記し、業務による強い心理的負荷が認められないものを「中」又は「弱」と表記している。「弱」は日常的に経験するものや一般に想定されるもの等であって通常弱い心理的負荷しか認められないものであり、「中」は経験の頻度は様々であって「弱」よりは心理的負荷があるものの強い心理的負荷とは認められないものである。

ア　特別な出来事の評価

　　発病前おおむね6か月の間に、別表1の「特別な出来事」に該当する業務による出来事が認められた場合には、心理的負荷の総合評価を「強」と判断する。

イ　特別な出来事以外の評価

　　「特別な出来事」以外の出来事については、当該出来事を別表1の「具体的出来事」のいずれに該当するかを判断し、合致しない場合にも近い「具体的出来事」に当てはめ、総合評価を行う。

別表1では、「具体的出来事」ごとにその「平均的な心理的負荷の強度」を、強い方から「Ⅲ」、「Ⅱ」、「Ⅰ」として示し、その上で、「心理的負荷の総合評価の視点」として、その出来事に伴う業務による心理的負荷の強さを総合的に評価するために典型的に想定される検討事項を明示し、さらに、「心理的負荷の強度を「弱」「中」「強」と判断する具体例」（以下「具体例」という。）を示している。

　　該当する「具体的出来事」に示された具体例の内容に、認定した出来事及び出来事後の状況についての事実関係が合致する場合には、その強度で評価する。

　　事実関係が具体例に合致しない場合には、「心理的負荷の総合評価の視点」及び「総合評価の留意事項」に基づき、具体例も参考としつつ個々の事案ごとに評価する。

　　なお、具体例はあくまでも例示であるので、具体例の「強」の欄で示したもの以外は「強」と判断しないというものではない。

ウ　心理的負荷の総合評価の視点及び具体例

　　「心理的負荷の総合評価の視点」及び具体例は、次の考え方に基づいて示しており、この考え方は個々の事案の判断においても適用すべきものである。

（ア）類型①「事故や災害の体験」は、出来事自体の心理的負荷の強弱を特に重視した評価としている。

（イ）類型①以外の出来事については、出来事と出来事後の状況の両者を軽重の別なく評価しており、総合評価を「強」と判断するのは次のような場合である。

　　a　出来事自体の心理的負荷が強く、その後に当該出来事に関する本人の対応を伴っている場合

　　b　出来事自体の心理的負荷としては中程度であっても、その後に当該出来事に関する本人の特に困難な対応を伴っている場合

エ　総合評価の留意事項

　　出来事の総合評価に当たっては、出来事それ自体と、当該出来事の継続性や事後対応の状況、職場環境の変化などの出来事後の状況の双方を十分に検討し、例示されているもの以外であっても出来事に伴って発生したと認められる状況や、当該出来事が生じるに至った経緯等も含めて総合的に考慮して、当該出来事の心理的負荷の程度を判断する。

　　その際、職場の支援・協力が欠如した状況であること（問題への対処、業務の見直し、応援体制の確立、責任の分散その他の支援・協力がなされていない等）や、仕事の裁量性が欠如した状況であること（仕事が孤独で単調となった、自分で仕事の順番・やり方を決めることができなくなった、自分の技能や知識を仕事で使うことが要求されなくなった等）は、総合評価を強め

る要素となる。

オ　長時間労働等の心理的負荷の評価

別表1には、時間外労働時間数（週40時間を超えて労働した時間数をいう。以下同じ。）等を指標とする具体例等を次のとおり示しているので、長時間労働等が認められる場合にはこれにより判断する。ここで、時間外労働時間数に基づく具体例等については、いずれも、休憩時間は少ないが手待時間が多い場合等、労働密度が特に低い場合を除くものであり、また、その業務内容が通常その程度の労働時間を要するものである場合を想定したものである。

なお、業務による強い心理的負荷は、長時間労働だけでなく、仕事の失敗、過重な責任の発生、役割・地位の変化や対人関係等、様々な出来事及び出来事後の状況によっても生じることから、具体例等で示された時間外労働時間数に至らない場合にも、時間数のみにとらわれることなく、心理的負荷の強度を適切に判断する。

（ア）極度の長時間労働

極度の長時間労働、例えば数週間にわたる生理的に必要な最小限度の睡眠時間を確保できないほどの長時間労働は、心身の極度の疲弊、消耗を来し、うつ病等の原因となることから、発病直前の1か月におおむね160時間を超える時間外労働を行った場合等には、当該極度の長時間労働に従事したことのみで心理的負荷の総合評価を「強」とする。

（イ）「具体的出来事」としての長時間労働の評価

仕事内容・仕事量の大きな変化を生じさせる出来事により時間外労働が大幅に増えた場合（項目11）のほか、1か月に80時間以上の時間外労働が生じるような長時間労働となった状況それ自体を「出来事」とし（項目12）、その心理的負荷を評価する。

（ウ）恒常的長時間労働がある場合の他の出来事の総合評価

出来事に対処するために生じた長時間労働は、心身の疲労を増加させ、ストレス対応能力を低下させる要因となることや、長時間労働は一般に精神障害の準備状態を形成する要因となることから、恒常的な長時間労働の下で発生した出来事の心理的負荷は平均より強く評価される必要があると考えられ、そのような出来事と発病との近接性や、その出来事に関する対応の困難性等を踏まえて、出来事に係る心理的負荷の総合評価を行う必要がある。

このことから、別表1では、1か月おおむね100時間の時間外労働を「恒常的長時間労働」の状況とし、恒常的長時間労働がある場合に心理的負荷の総合評価が「強」となる具体例を示している。

なお、出来事の前の恒常的長時間労働の評価期間は、発病前おおむね6か月の間とする。

（エ）連続勤務

　　連続勤務（項目13）に関する具体例についても、時間外労働に関する
　　ものと同様に、休憩時間は少ないが手待時間が多い場合等、労働密度が
　　特に低い場合を除くものであり、また、その業務内容が通常その程度の
　　労働時間（労働日数）を要するものである場合を想定したものである。
カ　ハラスメント等に関する心理的負荷の評価

　　ハラスメントやいじめのように出来事が繰り返されるものについては、繰
　り返される出来事を一体のものとして評価し、それが継続する状況は、心理
　的負荷が強まるものと評価する。

　　また、別表1において、一定の行為を「反復・継続するなどして執拗に受
　けた」としている部分がある。これは、「執拗」と評価される事案について、
　一般的にはある行動が何度も繰り返されている状況にある場合が多いが、た
　とえ一度の言動であっても、これが比較的長時間に及ぶものであって、行為
　態様も強烈で悪質性を有する等の状況がみられるときにも「執拗」と評価す
　べき場合があるとの趣旨である。

（3）複数の出来事の評価

　　対象疾病の発病に関与する業務による出来事が複数ある場合には、次のよう
　に業務による心理的負荷の全体を総合的に評価する。

ア　前記(2)によりそれぞれの具体的出来事について総合評価を行い、いずれか
　の具体的出来事によって「強」の判断が可能な場合は、業務による心理的負
　荷を「強」と判断する。

イ　いずれの出来事でも単独では「強」と評価できない場合には、それらの複
　数の出来事について、関連して生じているのか、関連なく生じているのかを
　判断した上で、次により心理的負荷の全体を総合的に判断する。

（ア）出来事が関連して生じている場合には、その全体を一つの出来事とし
　　て評価することとし、原則として最初の出来事を具体的出来事として別
　　表1に当てはめ、関連して生じた各出来事は出来事後の状況とみなす方
　　法により、その全体について総合的な評価を行う。

　　　具体的には、「中」である出来事があり、それに関連する別の出来事（そ
　　れ単独では「中」の評価）が生じた場合には、後発の出来事は先発の出
　　来事の出来事後の状況とみなし、当該後発の出来事の内容、程度により「強」
　　又は「中」として全体を総合的に評価する。

　　　なお、同一時点で生じた事象を異なる視点から検討している場合や、
　　同一の原因により複数の事象が生じている場合、先発の出来事の結果次
　　の出来事が生じている場合等については、複数の出来事が関連して生じ
　　た場合と考えられる。

（イ）ある出来事に関連せずに他の出来事が生じている場合であって、単独

の出来事の評価が「中」と評価する出来事が複数生じているときには、それらの出来事が生じた時期の近接の程度、各出来事と発病との時間的な近接の程度、各出来事の継続期間、各出来事の内容、出来事の数等によって、総合的な評価が「強」となる場合もあり得ることを踏まえつつ、事案に応じて心理的負荷の全体を評価する。この場合、全体の総合的な評価は、「強」又は「中」となる。

　　当該評価に当たり、それぞれの出来事が時間的に近接・重複して生じている場合には、「強」の水準に至るか否かは事案によるとしても、全体の総合的な評価はそれぞれの出来事の評価よりも強くなると考えられる。

　　一方、それぞれの出来事が完結して落ち着いた状況となった後に次の出来事が生じているときには、原則として、全体の総合的な評価はそれぞれの出来事の評価と同一になると考えられる。

　　また、単独の出来事の心理的負荷が「中」である出来事が一つあるほかには「弱」の出来事しかない場合には原則として全体の総合的な評価も「中」であり、「弱」の出来事が複数生じている場合には原則として全体の総合的な評価も「弱」となる。

（4）評価期間の留意事項

　　認定要件2のとおり、業務による心理的負荷の評価期間は発病前おおむね6か月であるが、当該期間における心理的負荷を的確に評価するため、次の事項に留意する。

　ア　ハラスメントやいじめのように出来事が繰り返されるものについては、前記(2)カのとおり、繰り返される出来事を一体のものとして評価することとなるので、発病の6か月よりも前にそれが開始されている場合でも、発病前おおむね6か月の期間にも継続しているときは、開始時からのすべての行為を評価の対象とすること。

　イ　出来事の起点が発病の6か月より前であっても、その出来事（出来事後の状況）が継続している場合にあっては、発病前おおむね6か月の間における状況や対応について評価の対象とすること。例えば、業務上の傷病により長期療養中の場合、その傷病の発生は発病の6か月より前であっても、当該傷病により発病前おおむね6か月の間に生じている強い苦痛や社会復帰が困難な状況等を出来事として評価すること。

３　業務以外の心理的負荷及び個体側要因による発病でないことの判断
　（1）業務以外の心理的負荷及び個体側要因による発病でないことの判断
　　　認定要件のうち、「３　業務以外の心理的負荷及び個体側要因により対象疾病を発病したとは認められないこと」とは、次のア又はイの場合をいう。
　　ア　業務以外の心理的負荷及び個体側要因が確認できない場合

イ　業務以外の心理的負荷又は個体側要因は認められるものの、業務以外の心理的負荷又は個体側要因によって発病したことが医学的に明らかであると判断できない場合

（2）業務以外の心理的負荷の評価

　業務以外の心理的負荷の評価については、対象疾病の発病前おおむね6か月の間に、対象疾病の発病に関与したと考えられる業務以外の出来事の有無を確認し、出来事が一つ以上確認できた場合は、それらの出来事の心理的負荷の強度について、別表2「業務以外の心理的負荷評価表」を指標として、心理的負荷の強度を「Ⅲ」、「Ⅱ」又は「Ⅰ」に区分する。

　出来事が確認できなかった場合には、前記(1)アに該当するものと取り扱う。心理的負荷の強度が「Ⅱ」又は「Ⅰ」の出来事しか認められない場合は、原則として前記(1)イに該当するものと取り扱う。

　心理的負荷の強度が「Ⅲ」と評価される出来事の存在が明らかな場合には、その内容等を詳細に調査し、「Ⅲ」に該当する業務以外の出来事のうち心理的負荷が特に強いものがある場合や、「Ⅲ」に該当する業務以外の出来事が複数ある場合等について、それが発病の原因であると判断することの医学的な妥当性を慎重に検討し、前記(1)イに該当するか否かを判断する。

（3）個体側要因の評価

　個体側要因とは、個人に内在している脆弱性・反応性であるが、既往の精神障害や現在治療中の精神障害、アルコール依存状況等の存在が明らかな場合にその内容等を調査する。

　業務による強い心理的負荷が認められる事案について、重度のアルコール依存状況がある等の顕著な個体側要因がある場合には、それが発病の主因であると判断することの医学的な妥当性を慎重に検討し、前記(1)イに該当するか否かを判断する。

第5　精神障害の悪化と症状安定後の新たな発病

1　精神障害の悪化とその業務起因性

　精神障害を発病して治療が必要な状態にある者は、一般に、病的状態に起因した思考から自責的・自罰的になり、ささいな心理的負荷に過大に反応するため、悪化の原因は必ずしも大きな心理的負荷によるものとは限らないこと、また、自然経過によって悪化する過程においてたまたま業務による心理的負荷が重なっていたにすぎない場合もあることから、業務起因性が認められない精神障害の悪化の前に強い心理的負荷となる業務による出来事が認められても、直ちにそれが当該悪化の原因であると判断することはできない。

　ただし、別表1の特別な出来事があり、その後おおむね6か月以内に対象疾病が自然経過を超えて著しく悪化したと医学的に認められる場合には、当該特別な

出来事による心理的負荷が悪化の原因であると推認し、悪化した部分について業務起因性を認める。

　また、特別な出来事がなくとも、悪化の前に業務による強い心理的負荷が認められる場合には、当該業務による強い心理的負荷、本人の個体側要因（悪化前の精神障害の状況）と業務以外の心理的負荷、悪化の態様やこれに至る経緯（悪化後の症状やその程度、出来事と悪化との近接性、発病から悪化までの期間など）等を十分に検討し、業務による強い心理的負荷によって精神障害が自然経過を超えて著しく悪化したものと精神医学的に判断されるときには、悪化した部分について業務起因性を認める。

　なお、既存の精神障害が悪化したといえるか否かについては、個別事案ごとに医学専門家による判断が必要である。

2　症状安定後の新たな発病

　既存の精神障害について、一定期間、通院・服薬を継続しているものの、症状がなく、又は安定していた状態で、通常の勤務を行っている状況にあって、その後、症状の変化が生じたものについては、精神障害の発病後の悪化としてではなく、症状が改善し安定した状態が一定期間継続した後の新たな発病として、前記第2の認定要件に照らして判断すべきものがあること。

第6　専門家意見と認定要件の判断

　認定要件を満たすか否かについては、医師の意見と認定した事実に基づき次のとおり判断する。

1　主治医意見による判断

　対象疾病の治療歴がない自殺事案を除くすべての事案について、主治医から、疾患名、発病時期、主治医の考える発病原因及びそれらの判断の根拠についての意見を求める。

　その結果、主治医が対象疾病を発病したと診断しており、労働基準監督署長（以下「署長」という。）が認定した業務による心理的負荷に係る事実と主治医の診断の前提となっている事実が対象疾病の発病時期やその原因に関して合致するとともに、その事実に係る心理的負荷の評価が「強」に該当することが明らかであって、業務以外の心理的負荷や個体側要因に顕著なものが認められない場合には、認定要件を満たすものと判断する。

2　専門医意見による判断

　対象疾病の治療歴がない自殺事案については、地方労災医員等の専門医に意見を求め、その意見に基づき認定要件を満たすか否かを判断する。

　また、業務による心理的負荷に係る認定事実の評価について「強」に該当する

ことが明らかでない事案及び署長が主治医意見に補足が必要と判断した事案については、主治医の意見に加え、専門医に意見を求め、その意見に基づき認定要件を満たすか否かを判断する。

3　専門部会意見による判断

前記1及び2にかかわらず、専門医又は署長が高度な医学的検討が必要と判断した事案については、主治医の意見に加え、地方労災医員協議会精神障害専門部会に協議して合議による意見を求め、その意見に基づき認定要件を満たすか否かを判断する。

4　法律専門家の助言

関係者が相反する主張をする場合の事実認定の方法や関係する法律の内容等について、法律専門家の助言が必要な場合には、医学専門家の意見とは別に、法務専門員等の法律専門家の意見を求める。

第7　療養及び治ゆ

心理的負荷による精神障害は、その原因を取り除き、適切な療養を行えば全治し、再度の就労が可能となる場合が多いが、就労が可能な状態でなくとも治ゆ（症状固定）の状態にある場合もある。

例えば、精神障害の症状が現れなくなった又は症状が改善し安定した状態が一定期間継続している場合や、社会復帰を目指して行ったリハビリテーション療法等を終えた場合であって、通常の就労が可能な状態に至ったときには、投薬等を継続していても通常は治ゆ（症状固定）の状態にあると考えられる。また、「寛解」との診断がない場合も含め、療養を継続して十分な治療を行ってもなお症状に改善の見込みがないと判断され、症状が固定しているときには、治ゆ（症状固定）の状態にあると考えられるが、その判断は、医学意見を踏まえ慎重かつ適切に行う必要がある。

療養期間の目安を一概に示すことは困難であるが、例えばうつ病の経過は、未治療の場合、一般的に（約90％以上は）6か月～2年続くとされている。また、適応障害の症状の持続は遷延性抑うつ反応（F43.21）の場合を除いて通常6か月を超えず、遷延性抑うつ反応については持続は2年を超えないとされている。

なお、対象疾病がいったん治ゆ（症状固定）した後において再びその治療が必要な状態が生じた場合は、新たな発病と取り扱い、改めて前記第2の認定要件に基づき業務起因性が認められるかを判断する。

治ゆ後、増悪の予防のため診察や投薬等が必要とされる場合にはアフターケア（平成19年4月23日付け基発第0423002号）を、一定の障害を残した場合には障害（補償）等給付（労働者災害補償保険法第15条）を、それぞれ適切に実施する。

第8　その他

1　自殺について

　業務によりICD-10のF0からF4に分類される精神障害を発病したと認められる者が自殺を図った場合には、精神障害によって正常の認識、行為選択能力が著しく阻害され、あるいは自殺行為を思いとどまる精神的抑制力が著しく阻害されている状態に陥ったものと推定し、業務起因性を認める。

　その他、精神障害による自殺の取扱いについては、従前の例（平成11年9月14日付け基発第545号）による。

2　セクシュアルハラスメント事案の留意事項

　セクシュアルハラスメントが原因で対象疾病を発病したとして労災請求がなされた事案の心理的負荷の評価に際しては、特に次の事項に留意する。

ア　セクシュアルハラスメントを受けた者（以下「被害者」という。）は、勤務を継続したいとか、セクシュアルハラスメントを行った者（以下「行為者」という。）からのセクシュアルハラスメントの被害をできるだけ軽くしたいとの心理などから、やむを得ず行為者に迎合するようなメール等を送ることや、行為者の誘いを受け入れることがあるが、これらの事実はセクシュアルハラスメントを受けたことを単純に否定する理由にはならないこと。

イ　被害者は、被害を受けてからすぐに相談行動をとらないことがあるが、この事実は心理的負荷が弱いと単純に判断する理由にならないこと。

ウ　被害者は、医療機関でもセクシュアルハラスメントを受けたということをすぐに話せないこともあるが、初診時にセクシュアルハラスメントの事実を申し立てていないことは心理的負荷が弱いと単純に判断する理由にならないこと。

エ　行為者が上司であり被害者が部下である場合や行為者が正規雇用労働者であり被害者が非正規雇用労働者である場合等のように行為者が雇用関係上被害者に対して優越的な立場にある事実は心理的負荷を強める要素となり得ること。

3　調査等の留意事項

　請求人が主張する出来事の発生時期が評価期間より前である場合等であっても、評価期間における業務の状況等について調査し、当該期間中に業務内容の変化や新たな業務指示等があれば、これを出来事として心理的負荷を評価する必要があること。

4　本省協議

　ICD-10のF5からF9に分類される対象疾病に係る事案及び本認定基準により判断し難い事案については、本省に協議すること。

第9　複数業務要因災害

　　労働者災害補償保険法第7条第1項第2号に定める複数業務要因災害による精神
障害に関しては、本認定基準を後記1のとおり読み替えるほか、本認定基準におけ
る心理的負荷の評価に係る「業務」を「二以上の事業の業務」と、また、「業務起因性」
を「二以上の事業の業務起因性」と解した上で、本認定基準に基づき、認定要件を
満たすか否かを判断する。

　　その上で、前記第4の2及び第6に関し後記2及び3に規定した部分については、
これにより判断すること。

1　認定基準の読み替え

　　前記第2の「労働基準法施行規則別表第1の2第9号に該当する業務上の疾病」
を「労働者災害補償保険法施行規則第18条の3の6に規定する労働基準法施行規
則別表第1の2第9号に掲げる疾病」と読み替える。

2　二以上の事業の業務による心理的負荷の強度の判断

　(1)　二以上の事業において業務による出来事が事業ごとにある場合には、前記第
　　　4の2(2)により異なる事業における出来事をそれぞれ別表1の具体的出来事
　　　に当てはめ心理的負荷を評価した上で、前記第4の2(3)により心理的負荷の強
　　　度を全体的に評価する。ただし、異なる事業における出来事が関連して生じる
　　　ことはまれであることから、前記第4の2(3)イについては、原則として、（イ）
　　　により判断することとなる。

　(2)　心理的負荷を評価する際、異なる事業における労働時間、労働日数は、それ
　　　ぞれ通算する。

　(3)　前記(1)及び(2)に基づく判断に当たっては、それぞれの事業における職場の支
　　　援等の心理的負荷の緩和要因をはじめ、二以上の事業で労働することによる個
　　　別の状況を十分勘案して、心理的負荷の強度を全体的に評価する。

3　専門家意見と認定要件の判断

　　複数業務要因災害に関しては、前記第6の1において主治医意見により判断す
る事案に該当するものについても、主治医の意見に加え、専門医に意見を求め、
その意見に基づき認定要件を満たすか否かを判断する。

（別表1）業務による心理的負荷評価表（略・38頁参照）
（別表2）業務以外の心理的負荷評価表（略・63頁参照）
（参　考）ICD-10第Ⅴ章「精神および行動の障害」分類（略・26頁参照）

2 精神障害による自殺の取扱いについて

（平成11年9月14日　基発第545号）

　労働者災害補償保険法第12条の2の2第1項の「故意」については、昭和40年7月31日付基発第901号「労働者災害補償保険法の一部を改正する法律の施行について」により、結果の発生を意図した故意であると解釈してきたところであるが、このことに関し、精神障害を有するものが自殺した場合の取扱いについては下記のとおりとするので、今後遺漏のないようされたい。

記

　業務上の精神障害によって、正常の認識、行為選択能力が著しく阻害され、又は自殺行為を思いとどまる精神的な抑制力が著しく阻害されている状態で自殺が行われたと認められる場合には、結果の発生を意図した故意には該当しない。

3　精神障害の労災認定の基準に関する専門検討会報告書の概要

（令和5年7月）

検討の背景

○業務による心理的負荷を原因とする精神障害については、平成23年に策定された認定基準により業務上外の判断が行われているところであるが、精神障害の労災保険給付請求件数は年々増加し、令和4年度には2,683件となっている

○こうした現象の背景には、同制度への認知が高まってきたこととともに、働き方の多様化が進み、労働者を取り巻く職場環境が変貌するといった社会情勢の変化があると考えられる

○認定基準の策定から約10年が経過した現在、こうした社会情勢の変化と労働者の心身の健康に対する関心の高まりを鑑みると、認定基準について、最新の医学的知見を踏まえた上で多角的に検討することが必要である

○認定要件や業務による心理的負荷評価表の内容をはじめとする認定基準の全般について、最新の医学的知見を踏まえた検討を行った

報告書のポイント

□　**業務による心理的負荷表※の見直し**

※実際に発生した業務による出来事を、同評価表に示す「具体的出来事」に当てはめ、負荷（ストレス）の強さを評価

◆具体的出来事の追加、類似性の高い具体的出来事の統合等
・「顧客や取引先、施設利用者等から著しい迷惑行為を受けた」を追加
　（いわゆるカスタマーハラスメントを追加）
・「感染症等の病気や事故の危険性が高い業務に従事した」を追加

◆心理的負荷の強度が「強」「中」「弱」となる具体例を拡充
・パワーハラスメントの6類型すべての具体例、性的指向・性自認に関する精神的攻撃等を含むことを明記
・一部の心理的負荷の強度しか具体例が示されていなかった具体的出来事について、他の強度の具体例を明記

□　**精神障害の悪化の業務起因性が認められる範囲を見直し**

（現　行）悪化前おおむね6か月以内に「特別な出来事」（特に強い心理的負荷となる出来事）がなければ業務起因性を認めていない

（検討後）悪化前おおむね6か月以内に「特別な出来事」がない場合でも、「業務による強い心理的負荷」により悪化したときには、悪化した部分について業務起因性を認める

□　医学意見の収集方法を効率化
　　　（現　行）専門医３名の合議による意見収集が必須な事案
　　　　　　　　【例：自殺事案、「強」かどうか不明な事案】
　　　（検討後）特に困難なものを除き専門医１名の意見で決定できるよう変更
　など

　　➡　**評価表の明確化等により、より適切な認定、審査の迅速化、請求の容易化
　　　　を図る**

4　均等法におけるパワーハラスメント対策

**「事業主が職場における優越的な関係を背景とした言動に起因する問題に関して
雇用管理上講ずべき措置等についての指針」**

（令和２年厚生労働省告示第５号）

1　はじめに

　　この指針は、労働施策の総合的な推進並びに労働者の雇用の安定及び職業生活の充実等に関する法律（昭和41年法律第132号。以下「法」という。）第30条の２第１項及び第２項に規定する事業主が職場において行われる優越的な関係を背景とした言動であって、業務上必要かつ相当な範囲を超えたものにより、その雇用する労働者の就業環境が害されること（以下「職場におけるパワーハラスメント」という。）のないよう雇用管理上講ずべき措置等について、同条第３項の規定に基づき事業主が適切かつ有効な実施を図るために必要な事項について定めたものである。

2　職場におけるパワーハラスメントの内容

（1）職場におけるパワーハラスメントは、職場において行われる①優越的な関係を背景とした言動であって、②業務上必要かつ相当な範囲を超えたものにより、③労働者の就業環境が害されるものであり、①から③までの要素を全て満たすものをいう。

　　なお、客観的にみて、業務上必要かつ相当な範囲で行われる適正な業務指示や指導については、職場におけるパワーハラスメントには該当しない。

（2）「職場」とは、事業主が雇用する労働者が業務を遂行する場所を指し、当該労働者が通常就業している場所以外の場所であっても、当該労働者が業務を遂行する場所については、「職場」に含まれる。

（3）「労働者」とは、いわゆる正規雇用労働者のみならず、パートタイム労働者、契約社員等いわゆる非正規雇用労働者を含む事業主が雇用する労働者の全てをいう。

　　また、派遣労働者については、派遣元事業主のみならず、労働者派遣の役務の提供を受ける者についても、労働者派遣事業の適正な運営の確保及び派遣労働者の保護等に関する法律（昭和60年法律第88号）第47条の４の規定により、その指揮命令の下に労働させる派遣労働者を雇用する事業主とみなされ、法第30条の２第１項及び第30条の３第２項の規定が適用されることから、労働者派遣の役務の提供を受ける者は、派遣労働者についてもその雇用する労働者と同様に、３(1)の配慮及び４の措置を講ずることが必要である。

　　なお、法第30条の２第２項、第30条の５第２項及び第30条の６第２項の労働者に対する不利益な取扱いの禁止については、派遣労働者も対象に含まれるものであり、派遣元事業主のみならず、労働者派遣の役務の提供を受ける者もまた、当該者に派遣労働者が職場におけるパワーハラスメントの相談を行ったこと等を理由として、当該派遣労働者に係る労働者派遣の役務の提供を拒む等、当該派遣労働者に対する

不利益な取扱いを行ってはならない。

(4)「優越的な関係を背景とした」言動とは、当該事業主の業務を遂行するに当たって、当該言動を受ける労働者が当該言動の行為者とされる者（以下「行為者」という。）に対して抵抗又は拒絶することができない蓋然性が高い関係を背景として行われるものを指し、例えば、以下のもの等が含まれる。

・ 職務上の地位が上位の者による言動

・ 同僚又は部下による言動で、当該言動を行う者が業務上必要な知識や豊富な経験を有しており、当該者の協力を得なければ業務の円滑な遂行を行うことが困難であるもの

・ 同僚又は部下からの集団による行為で、これに抵抗又は拒絶することが困難であるもの

(5)「業務上必要かつ相当な範囲を超えた」言動とは、社会通念に照らし、当該言動が明らかに当該事業主の業務上必要性がない、又はその態様が相当でないものを指し、例えば、以下のもの等が含まれる。

・ 業務上明らかに必要性のない言動

・ 業務の目的を大きく逸脱した言動

・ 業務を遂行するための手段として不適当な言動

・ 当該行為の回数、行為者の数等、その態様や手段が社会通念に照らして許容される範囲を超える言動

　　この判断に当たっては、様々な要素（当該言動の目的、当該言動を受けた労働者の問題行動の有無や内容・程度を含む当該言動が行われた経緯や状況、業種・業態、業務の内容・性質、当該言動の態様・頻度・継続性、労働者の属性や心身の状況、行為者との関係性等）を総合的に考慮することが適当である。また、その際には、個別の事案における労働者の行動が問題となる場合は、その内容・程度とそれに対する指導の態様等の相対的な関係性が重要な要素となることについても留意が必要である。

(6)「労働者の就業環境が害される」とは、当該言動により労働者が身体的又は精神的に苦痛を与えられ、労働者の就業環境が不快なものとなったため、能力の発揮に重大な悪影響が生じる等当該労働者が就業する上で看過できない程度の支障が生じることを指す。

　　この判断に当たっては、「平均的な労働者の感じ方」、すなわち、同様の状況で当該言動を受けた場合に、社会一般の労働者が、就業する上で看過できない程度の支障が生じたと感じるような言動であるかどうかを基準とすることが適当である。

(7) 職場におけるパワーハラスメントは、(1)の①から③までの要素を全て満たすものをいい（客観的にみて、業務上必要かつ相当な範囲で行われる適正な業務指示や指導については、職場におけるパワーハラスメントには該当しない。）、個別の事案についてその該当性を判断するに当たっては、(5)で総合的に考慮することとした事項

のほか、当該言動により労働者が受ける身体的又は精神的な苦痛の程度等を総合的に考慮して判断することが必要である。

このため、個別の事案の判断に際しては、相談窓口の担当者等がこうした事項に十分留意し、相談を行った労働者（以下「相談者」という。）の心身の状況や当該言動が行われた際の受け止めなどその認識にも配慮しながら、相談者及び行為者の双方から丁寧に事実確認等を行うことも重要である。

これらのことを十分踏まえて、予防から再発防止に至る一連の措置を適切に講じることが必要である。

職場におけるパワーハラスメントの状況は多様であるが、代表的な言動の類型としては、以下のイからへまでのものがあり、当該言動の類型ごとに、典型的に職場におけるパワーハラスメントに該当し、又は該当しないと考えられる例としては、次のようなものがある。

ただし、個別の事案の状況等によって判断が異なる場合もあり得ること、また、次の例は限定列挙ではないことに十分留意し、4(2)ロにあるとおり広く相談に対応するなど、適切な対応を行うようにすることが必要である。

なお、職場におけるパワーハラスメントに該当すると考えられる以下の例については、行為者と当該言動を受ける労働者の関係性を個別に記載していないが、(4)にあるとおり、優越的な関係を背景として行われたものであることが前提である。

イ　身体的な攻撃（暴行・傷害）

（イ）該当すると考えられる例

①　殴打、足蹴りを行うこと。

②　相手に物を投げつけること。

（ロ）該当しないと考えられる例

①　誤ってぶつかること。

ロ　精神的な攻撃（脅迫・名誉棄損・侮辱・ひどい暴言）

（イ）該当すると考えられる例

①　人格を否定するような言動を行うこと。相手の性的指向・性自認に関する侮辱的な言動を行うことを含む。

②　業務の遂行に関する必要以上に長時間にわたる厳しい叱責を繰り返し行うこと。

③　他の労働者の面前における大声での威圧的な叱責を繰り返し行うこと。

④　相手の能力を否定し、罵倒するような内容の電子メール等を当該相手を含む複数の労働者宛てに送信すること。

（ロ）該当しないと考えられる例

①　遅刻など社会的ルールを欠いた言動が見られ、再三注意してもそれが改善されない労働者に対して一定程度強く注意をすること。

②　その企業の業務の内容や性質等に照らして重大な問題行動を行った労働者

に対して、一定程度強く注意をすること。

ハ　人間関係からの切り離し（隔離・仲間外し・無視）

　（イ）該当すると考えられる例

　　①　自身の意に沿わない労働者に対して、仕事を外し、長期間にわたり、別室に隔離したり、自宅研修させたりすること。

　　②　一人の労働者に対して同僚が集団で無視をし、職場で孤立させること。

　（ロ）該当しないと考えられる例

　　①　新規に採用した労働者を育成するために短期間集中的に別室で研修等の教育を実施すること。

　　②　懲戒規定に基づき処分を受けた労働者に対し、通常の業務に復帰させるために、その前に、一時的に別室で必要な研修を受けさせること。

ニ　過大な要求（業務上明らかに不要なことや遂行不可能なことの強制・仕事の妨害）

　（イ）該当すると考えられる例

　　①　長期間にわたる、肉体的苦痛を伴う過酷な環境下での勤務に直接関係のない作業を命ずること。

　　②　新卒採用者に対し、必要な教育を行わないまま到底対応できないレベルの業績目標を課し、達成できなかったことに対し厳しく叱責すること。

　　③　労働者に業務とは関係のない私的な雑用の処理を強制的に行わせること。

　（ロ）該当しないと考えられる例

　　①　労働者を育成するために現状よりも少し高いレベルの業務を任せること。

　　②　業務の繁忙期に、業務上の必要性から、当該業務の担当者に通常時よりも一定程度多い業務の処理を任せること。

ホ　過小な要求（業務上の合理性なく能力や経験とかけ離れた程度の低い仕事を命じることや仕事を与えないこと）

　（イ）該当すると考えられる例

　　①　管理職である労働者を退職させるため、誰でも遂行可能な業務を行わせること。

　　②　気にいらない労働者に対して嫌がらせのために仕事を与えないこと。

　（ロ）該当しないと考えられる例

　　①　労働者の能力に応じて、一定程度業務内容や業務量を軽減すること。

ヘ　個の侵害（私的なことに過度に立ち入ること）

　（イ）該当すると考えられる例

　　①　労働者を職場外でも継続的に監視したり、私物の写真撮影をしたりすること。

　　②　労働者の性的指向・性自認や病歴、不妊治療等の機微な個人情報について、当該労働者の了解を得ずに他の労働者に暴露すること。

　（ロ）該当しないと考えられる例

　　①　労働者への配慮を目的として、労働者の家族の状況等についてヒアリング

を行うこと。

②　労働者の了解を得て、当該労働者の性的指向・性自認や病歴、不妊治療等の機微な個人情報について、必要な範囲で人事労務部門の担当者に伝達し、配慮を促すこと。

　　この点、プライバシー保護の観点から、へ（イ）②のように機微な個人情報を暴露することのないよう、労働者に周知・啓発する等の措置を講じることが必要である。

3　事業主等の責務
　（1）事業主の責務
　　　　法第30条の３第２項の規定により、事業主は、職場におけるパワーハラスメントを行ってはならないことその他職場におけるパワーハラスメントに起因する問題（以下「パワーハラスメント問題」という。）に対するその雇用する労働者の関心と理解を深めるとともに、当該労働者が他の労働者（他の事業主が雇用する労働者及び求職者を含む。(2)において同じ。）に対する言動に必要な注意を払うよう、研修の実施その他の必要な配慮をするほか、国の講ずる同条第１項の広報活動、啓発活動その他の措置に協力するように努めなければならない。

　　　　なお、職場におけるパワーハラスメントに起因する問題としては、例えば、労働者の意欲の低下などによる職場環境の悪化や職場全体の生産性の低下、労働者の健康状態の悪化、休職や退職などにつながり得ること、これらに伴う経営的な損失等が考えられる。

　　　　また、事業主（その者が法人である場合にあっては、その役員）は、自らも、パワーハラスメント問題に対する関心と理解を深め、労働者（他の事業主が雇用する労働者及び求職者を含む。）に対する言動に必要な注意を払うように努めなければならない。

　（2）労働者の責務
　　　　法第30条の３第４項の規定により、労働者は、パワーハラスメント問題に対する関心と理解を深め、他の労働者に対する言動に必要な注意を払うとともに、事業主の講ずる４の措置に協力するように努めなければならない。

4　事業主が職場における優越的な関係を背景とした言動に起因する問題に関し雇用管理上講ずべき措置の内容
　　　事業主は、当該事業主が雇用する労働者又は当該事業主（その者が法人である場合にあっては、その役員）が行う職場におけるパワーハラスメントを防止するため、雇用管理上次の措置を講じなければならない。
　（1）事業主の方針等の明確化及びその周知・啓発
　　　　事業主は、職場におけるパワーハラスメントに関する方針の明確化、労働者に対するその方針の周知・啓発として、次の措置を講じなければならない。

なお、周知・啓発をするに当たっては、職場におけるパワーハラスメントの防止の効果を高めるため、その発生の原因や背景について労働者の理解を深めることが重要である。その際、職場におけるパワーハラスメントの発生の原因や背景には、労働者同士のコミュニケーションの希薄化などの職場環境の問題もあると考えられる。そのため、これらを幅広く解消していくことが職場におけるパワーハラスメントの防止の効果を高める上で重要であることに留意することが必要である。

イ　職場におけるパワーハラスメントの内容及び職場におけるパワーハラスメントを行ってはならない旨の方針を明確化し、管理監督者を含む労働者に周知・啓発すること。

　（事業主の方針等を明確化し、労働者に周知・啓発していると認められる例）

　①　就業規則その他の職場における服務規律等を定めた文書において、職場におけるパワーハラスメントを行ってはならない旨の方針を規定し、当該規定と併せて、職場におけるパワーハラスメントの内容及びその発生の原因や背景を労働者に周知・啓発すること。

　②　社内報、パンフレット、社内ホームページ等広報又は啓発のための資料等に職場におけるパワーハラスメントの内容及びその発生の原因や背景並びに職場におけるパワーハラスメントを行ってはならない旨の方針を記載し、配布等すること。

　③　職場におけるパワーハラスメントの内容及びその発生の原因や背景並びに職場におけるパワーハラスメントを行ってはならない旨の方針を労働者に対して周知・啓発するための研修、講習等を実施すること。

ロ　職場におけるパワーハラスメントに係る言動を行った者については、厳正に対処する旨の方針及び対処の内容を就業規則その他の職場における服務規律等を定めた文書に規定し、管理監督者を含む労働者に周知・啓発すること。

　（対処方針を定め、労働者に周知・啓発していると認められる例）

　①　就業規則その他の職場における服務規律等を定めた文書において、職場におけるパワーハラスメントに係る言動を行った者に対する懲戒規定を定め、その内容を労働者に周知・啓発すること。

　②　職場におけるパワーハラスメントに係る言動を行った者は、現行の就業規則その他の職場における服務規律等を定めた文書において定められている懲戒規定の適用の対象となる旨を明確化し、これを労働者に周知・啓発すること。

（2）相談（苦情を含む。以下同じ。）に応じ、適切に対応するために必要な体制の整備

　　事業主は、労働者からの相談に対し、その内容や状況に応じ適切かつ柔軟に対応するために必要な体制の整備として、次の措置を講じなければならない。

イ　相談への対応のための窓口（以下「相談窓口」という。）をあらかじめ定め、労働者に周知すること。

（相談窓口をあらかじめ定めていると認められる例）

① 相談に対応する担当者をあらかじめ定めること。

② 相談に対応するための制度を設けること。

③ 外部の機関に相談への対応を委託すること。

ロ　イの相談窓口の担当者が、相談に対し、その内容や状況に応じ適切に対応できるようにすること。また、相談窓口においては、被害を受けた労働者が萎縮するなどして相談を躊躇する例もあること等も踏まえ、相談者の心身の状況や当該言動が行われた際の受け止めなどその認識にも配慮しながら、職場におけるパワーハラスメントが現実に生じている場合だけでなく、その発生のおそれがある場合や、職場におけるパワーハラスメントに該当するか否か微妙な場合であっても、広く相談に対応し、適切な対応を行うようにすること。例えば、放置すれば就業環境を害するおそれがある場合や、労働者同士のコミュニケーションの希薄化などの職場環境の問題が原因や背景となってパワーハラスメントが生じるおそれがある場合等が考えられる。

（相談窓口の担当者が適切に対応することができるようにしていると認められる例）

① 相談窓口の担当者が相談を受けた場合、その内容や状況に応じて、相談窓口の担当者と人事部門とが連携を図ることができる仕組みとすること。

② 相談窓口の担当者が相談を受けた場合、あらかじめ作成した留意点などを記載したマニュアルに基づき対応すること。

③ 相談窓口の担当者に対し、相談を受けた場合の対応についての研修を行うこと。

(3) 職場におけるパワーハラスメントに係る事後の迅速かつ適切な対応

　　事業主は、職場におけるパワーハラスメントに係る相談の申出があった場合において、その事案に係る事実関係の迅速かつ正確な確認及び適正な対処として、次の措置を講じなければならない。

イ　事案に係る事実関係を迅速かつ正確に確認すること。

（事案に係る事実関係を迅速かつ正確に確認していると認められる例）

① 相談窓口の担当者、人事部門又は専門の委員会等が、相談者及び行為者の双方から事実関係を確認すること。その際、相談者の心身の状況や当該言動が行われた際の受け止めなどその認識にも適切に配慮すること。

　　また、相談者と行為者との間で事実関係に関する主張に不一致があり、事実の確認が十分にできないと認められる場合には、第三者からも事実関係を聴取する等の措置を講ずること。

② 事実関係を迅速かつ正確に確認しようとしたが、確認が困難な場合などにおいて、法第30条の6に基づく調停の申請を行うことその他中立な第三者機関に紛争処理を委ねること。

ロ　イにより、職場におけるパワーハラスメントが生じた事実が確認できた場合においては、速やかに被害を受けた労働者（以下「被害者」という。）に対する配

慮のための措置を適正に行うこと。

（措置を適正に行っていると認められる例）

① 事案の内容や状況に応じ、被害者と行為者の間の関係改善に向けての援助、被害者と行為者を引き離すための配置転換、行為者の謝罪、被害者の労働条件上の不利益の回復、管理監督者又は事業場内産業保健スタッフ等による被害者のメンタルヘルス不調への相談対応等の措置を講ずること。

② 法第30条の6に基づく調停その他中立な第三者機関の紛争解決案に従った措置を被害者に対して講ずること。

ハ イにより、職場におけるパワーハラスメントが生じた事実が確認できた場合においては、行為者に対する措置を適正に行うこと。

（措置を適正に行っていると認められる例）

① 就業規則その他の職場における服務規律等を定めた文書における職場におけるパワーハラスメントに関する規定等に基づき、行為者に対して必要な懲戒その他の措置を講ずること。あわせて、事案の内容や状況に応じ、被害者と行為者の間の関係改善に向けての援助、被害者と行為者を引き離すための配置転換、行為者の謝罪等の措置を講ずること。

② 法第30条の6に基づく調停その他中立な第三者機関の紛争解決案に従った措置を行為者に対して講ずること。

ニ 改めて職場におけるパワーハラスメントに関する方針を周知・啓発する等の再発防止に向けた措置を講ずること。

なお、職場におけるパワーハラスメントが生じた事実が確認できなかった場合においても、同様の措置を講ずること。

（再発防止に向けた措置を講じていると認められる例）

① 職場におけるパワーハラスメントを行ってはならない旨の方針及び職場におけるパワーハラスメントに係る言動を行った者について厳正に対処する旨の方針を、社内報、パンフレット、社内ホームページ等広報又は啓発のための資料等に改めて掲載し、配布等すること。

② 労働者に対して職場におけるパワーハラスメントに関する意識を啓発するための研修、講習等を改めて実施すること。

(4) (1)から(3)までの措置と併せて講ずべき措置

(1)から(3)までの措置を講ずるに際しては、併せて次の措置を講じなければならない。

イ 職場におけるパワーハラスメントに係る相談者・行為者等の情報は当該相談者・行為者等のプライバシーに属するものであることから、相談への対応又は当該パワーハラスメントに係る事後の対応に当たっては、相談者・行為者等のプライバシーを保護するために必要な措置を講ずるとともに、その旨を労働者に対して周知すること。

なお、相談者・行為者等のプライバシーには、性的指向・性自認や病歴、不妊

治療等の機微な個人情報も含まれるものであること。

（相談者・行為者等のプライバシーを保護するために必要な措置を講じていると認められる例）

① 相談者・行為者等のプライバシーの保護のために必要な事項をあらかじめマニュアルに定め、相談窓口の担当者が相談を受けた際には、当該マニュアルに基づき対応するものとすること。

② 相談者・行為者等のプライバシーの保護のために、相談窓口の担当者に必要な研修を行うこと。

③ 相談窓口においては相談者・行為者等のプライバシーを保護するために必要な措置を講じていることを、社内報、パンフレット、社内ホームページ等広報又は啓発のための資料等に掲載し、配布等すること。

ロ 法第30条の2第2項、第30条の5第2項及び第30条の6第2項の規定を踏まえ、労働者が職場におけるパワーハラスメントに関し相談をしたこと若しくは事実関係の確認等の事業主の雇用管理上講ずべき措置に協力したこと、都道府県労働局に対して相談、紛争解決の援助の求め若しくは調停の申請を行ったこと又は調停の出頭の求めに応じたこと（以下「パワーハラスメントの相談等」という。）を理由として、解雇その他不利益な取扱いをされない旨を定め、労働者に周知・啓発すること。

（不利益な取扱いをされない旨を定め、労働者にその周知・啓発することについて措置を講じていると認められる例）

① 就業規則その他の職場における服務規律等を定めた文書において、パワーハラスメントの相談等を理由として、労働者が解雇等の不利益な取扱いをされない旨を規定し、労働者に周知・啓発をすること。

② 社内報、パンフレット、社内ホームページ等広報又は啓発のための資料等に、パワーハラスメントの相談等を理由として、労働者が解雇等の不利益な取扱いをされない旨を記載し、労働者に配布等すること。

5 事業主が職場における優越的な関係を背景とした言動に起因する問題に関し行うことが望ましい取組の内容

事業主は、当該事業主が雇用する労働者又は当該事業主（その者が法人である場合にあっては、その役員）が行う職場におけるパワーハラスメントを防止するため、4の措置に加え、次の取組を行うことが望ましい。

(1) 職場におけるパワーハラスメントは、セクシュアルハラスメント（事業主が職場における性的な言動に起因する問題に関して雇用管理上講ずべき措置等についての指針（平成18年厚生労働省告示第615号）に規定する「職場におけるセクシュアルハラスメント」をいう。以下同じ。）、妊娠、出産等に関するハラスメント（事業主が職場における妊娠、出産等に関する言動に起因する問題に関して雇用管理上講ず

べき措置等についての指針（平成28年厚生労働省告示第312号）に規定する「職場における妊娠、出産等に関するハラスメント」をいう。）、育児休業等に関するハラスメント（子の養育又は家族の介護を行い、又は行うこととなる労働者の職業生活と家庭生活との両立が図られるようにするために事業主が講ずべき措置等に関する指針（平成21年厚生労働省告示第509号）に規定する「職場における育児休業等に関するハラスメント」をいう。）その他のハラスメントと複合的に生じることも想定されることから、事業主は、例えば、セクシュアルハラスメント等の相談窓口と一体的に、職場におけるパワーハラスメントの相談窓口を設置し、一元的に相談に応じることのできる体制を整備することが望ましい。

（一元的に相談に応じることのできる体制の例）

① 相談窓口で受け付けることのできる相談として、職場におけるパワーハラスメントのみならず、セクシュアルハラスメント等も明示すること。

② 職場におけるパワーハラスメントの相談窓口がセクシュアルハラスメント等の相談窓口を兼ねること。

(2) 事業主は、職場におけるパワーハラスメントの原因や背景となる要因を解消するため、次の取組を行うことが望ましい。

　なお、取組を行うに当たっては、労働者個人のコミュニケーション能力の向上を図ることは、職場におけるパワーハラスメントの行為者・被害者の双方になることを防止する上で重要であることや、業務上必要かつ相当な範囲で行われる適正な業務指示や指導については、職場におけるパワーハラスメントには該当せず、労働者が、こうした適正な業務指示や指導を踏まえて真摯に業務を遂行する意識を持つことも重要であることに留意することが必要である。

イ コミュニケーションの活性化や円滑化のために研修等の必要な取組を行うこと。

　（コミュニケーションの活性化や円滑化のために必要な取組例）

① 日常的なコミュニケーションを取るよう努めることや定期的に面談やミーティングを行うことにより、風通しの良い職場環境や互いに助け合える労働者同士の信頼関係を築き、コミュニケーションの活性化を図ること。

② 感情をコントロールする手法についての研修、コミュニケーションスキルアップについての研修、マネジメントや指導についての研修等の実施や資料の配布等により、労働者が感情をコントロールする能力やコミュニケーションを円滑に進める能力等の向上を図ること。

ロ 適正な業務目標の設定等の職場環境の改善のための取組を行うこと。

　（職場環境の改善のための取組例）

① 適正な業務目標の設定や適正な業務体制の整備、業務の効率化による過剰な長時間労働の是正等を通じて、労働者に過度に肉体的・精神的負荷を強いる職場環境や組織風土を改善すること。

(3) 事業主は、4の措置を講じる際に、必要に応じて、労働者や労働組合等の参画を

得つつ、アンケート調査や意見交換等を実施するなどにより、その運用状況の的確な把握や必要な見直しの検討等に努めることが重要である。なお、労働者や労働組合等の参画を得る方法として、例えば、労働安全衛生法（昭和47年法律第57号）第18条第1項に規定する衛生委員会の活用なども考えられる。

6　事業主が自らの雇用する労働者以外の者に対する言動に関し行うことが望ましい取組の内容

　　3の事業主及び労働者の責務の趣旨に鑑みれば、事業主は、当該事業主が雇用する労働者が、他の労働者（他の事業主が雇用する労働者及び求職者を含む。）のみならず、個人事業主、インターンシップを行っている者等の労働者以外の者に対する言動についても必要な注意を払うよう配慮するとともに、事業主（その者が法人である場合にあっては、その役員）自らと労働者も、労働者以外の者に対する言動について必要な注意を払うよう努めることが望ましい。

　　こうした責務の趣旨も踏まえ、事業主は、4(1)イの職場におけるパワーハラスメントを行ってはならない旨の方針の明確化等を行う際に、当該事業主が雇用する労働者以外の者（他の事業主が雇用する労働者、就職活動中の学生等の求職者及び労働者以外の者）に対する言動についても、同様の方針を併せて示すことが望ましい。

　　また、これらの者から職場におけるパワーハラスメントに類すると考えられる相談があった場合には、その内容を踏まえて、4の措置も参考にしつつ、必要に応じて適切な対応を行うように努めることが望ましい。

7　事業主が他の事業主の雇用する労働者等からのパワーハラスメントや顧客等からの著しい迷惑行為に関し行うことが望ましい取組の内容

　　事業主は、取引先等の他の事業主が雇用する労働者又は他の事業主（その者が法人である場合にあっては、その役員）からのパワーハラスメントや顧客等からの著しい迷惑行為（暴行、脅迫、ひどい暴言、著しく不当な要求等）により、その雇用する労働者が就業環境を害されることのないよう、雇用管理上の配慮として、例えば、(1)及び(2)の取組を行うことが望ましい。また、(3)のような取組を行うことも、その雇用する労働者が被害を受けることを防止する上で有効と考えられる。

(1) 相談に応じ、適切に対応するために必要な体制の整備

　　事業主は、他の事業主が雇用する労働者等からのパワーハラスメントや顧客等からの著しい迷惑行為に関する労働者からの相談に対し、その内容や状況に応じ適切かつ柔軟に対応するために必要な体制の整備として、4(2)イ及びロの例も参考にしつつ、次の取組を行うことが望ましい。

　　また、併せて、労働者が当該相談をしたことを理由として、解雇その他不利益な取扱いを行ってはならない旨を定め、労働者に周知・啓発することが望ましい。

　　イ　相談先（上司、職場内の担当者等）をあらかじめ定め、これを労働者に周知す

ること。

ロ　イの相談を受けた者が、相談に対し、その内容や状況に応じ適切に対応できるようにすること。

(2)　被害者への配慮のための取組

事業主は、相談者から事実関係を確認し、他の事業主が雇用する労働者等からのパワーハラスメントや顧客等からの著しい迷惑行為が認められた場合には、速やかに被害者に対する配慮のための取組を行うことが望ましい。

(被害者への配慮のための取組例)

事案の内容や状況に応じ、被害者のメンタルヘルス不調への相談対応、著しい迷惑行為を行った者に対する対応が必要な場合に一人で対応させない等の取組を行うこと。

(3)　他の事業主が雇用する労働者等からのパワーハラスメントや顧客等からの著しい迷惑行為による被害を防止するための取組

(1)及び(2)の取組のほか、他の事業主が雇用する労働者等からのパワーハラスメントや顧客等からの著しい迷惑行為からその雇用する労働者が被害を受けることを防止する上では、事業主が、こうした行為への対応に関するマニュアルの作成や研修の実施等の取組を行うことも有効と考えられる。

また、業種・業態等によりその被害の実態や必要な対応も異なると考えられることから、業種・業態等における被害の実態や業務の特性等を踏まえて、それぞれの状況に応じた必要な取組を進めることも、被害の防止に当たっては効果的と考えられる。

5 均等法におけるセクシュアルハラスメント対策

「事業主が職場における性的な言動に起因する問題に関して雇用管理上講ずべき措置等についての指針」

（平成18年厚生労働省告示第615号）

（最終改正：令和2年厚生労働省告示第6号）

1 はじめに

　この指針は、雇用の分野における男女の均等な機会及び待遇の確保等に関する法律（昭和47年法律第113号。以下「法」という。）第11条第1項から第3項までに規定する事業主が職場において行われる性的な言動に対するその雇用する労働者の対応により当該労働者がその労働条件につき不利益を受け、又は当該性的な言動により当該労働者の就業環境が害されること（以下「職場におけるセクシュアルハラスメント」という。）のないよう雇用管理上講ずべき措置等について、同条第4項の規定に基づき事業主が適切かつ有効な実施を図るために必要な事項について定めたものである。

2 職場におけるセクシュアルハラスメントの内容

（1）職場におけるセクシュアルハラスメントには、職場において行われる性的な言動に対する労働者の対応により当該労働者がその労働条件につき不利益を受けるもの（以下「対価型セクシュアルハラスメント」という。）と、当該性的な言動により労働者の就業環境が害されるもの（以下「環境型セクシュアルハラスメント」という。）がある。

　なお、職場におけるセクシュアルハラスメントには、同性に対するものも含まれるものである。また、被害を受けた者（以下「被害者」という。）の性的指向又は性自認にかかわらず、当該者に対する職場におけるセクシュアルハラスメントも、本指針の対象となるものである。

（2）「職場」とは、事業主が雇用する労働者が業務を遂行する場所を指し、当該労働者が通常就業している場所以外の場所であっても、当該労働者が業務を遂行する場所については、「職場」に含まれる。取引先の事務所、取引先と打合せをするための飲食店、顧客の自宅等であっても、当該労働者が業務を遂行する場所であればこれに該当する。

（3）「労働者」とは、いわゆる正規雇用労働者のみならず、パートタイム労働者、契約社員等いわゆる非正規雇用労働者を含む事業主が雇用する労働者の全てをいう。

　また、派遣労働者については、派遣元事業主のみならず、労働者派遣の役務の提供を受ける者についても、労働者派遣事業の適正な運営の確保及び派遣労働者の保護等に関する法律（昭和60年法律第88号）第47条の2の規定により、その指揮命令の下に労働させる派遣労働者を雇用する事業主とみなされ、法第11条第1項及び第11条の2第2項の規定が適用されることから、労働者派遣の役務の提供を受ける者

は、派遣労働者についてもその雇用する労働者と同様に、3(1)の配慮及び4の措置を講ずることが必要である。なお、法第11条第2項、第17条第2項及び第18条第2項の労働者に対する不利益な取扱いの禁止については、派遣労働者も対象に含まれるものであり、派遣元事業主のみならず、労働者派遣の役務の提供を受ける者もまた、当該者に派遣労働者が職場におけるセクシュアルハラスメントの相談を行ったこと等を理由として、当該派遣労働者に係る労働者派遣の役務の提供を拒む等、当該派遣労働者に対する不利益な取扱いを行ってはならない。

(4)「性的な言動」とは、性的な内容の発言及び性的な行動を指し、この「性的な内容の発言」には、性的な事実関係を尋ねること、性的な内容の情報を意図的に流布すること等が、「性的な行動」には、性的な関係を強要すること、必要なく身体に触ること、わいせつな図画を配布すること等が、それぞれ含まれる。当該言動を行う者には、労働者を雇用する事業主（その者が法人である場合にあってはその役員。以下この(4)において同じ。）、上司、同僚に限らず、取引先等の他の事業主又はその雇用する労働者、顧客、患者又はその家族、学校における生徒等もなり得る。

(5)「対価型セクシュアルハラスメント」とは、職場において行われる労働者の意に反する性的な言動に対する労働者の対応により、当該労働者が解雇、降格、減給等の不利益を受けることであって、その状況は多様であるが、典型的な例として、次のようなものがある。

　イ　事務所内において事業主が労働者に対して性的な関係を要求したが、拒否されたため、当該労働者を解雇すること。

　ロ　出張中の車中において上司が労働者の腰、胸等に触ったが、抵抗されたため、当該労働者について不利益な配置転換をすること。

　ハ　営業所内において事業主が日頃から労働者に係る性的な事柄について公然と発言していたが、抗議されたため、当該労働者を降格すること。

(6)「環境型セクシュアルハラスメント」とは、職場において行われる労働者の意に反する性的な言動により労働者の就業環境が不快なものとなったため、能力の発揮に重大な悪影響が生じる等当該労働者が就業する上で看過できない程度の支障が生じることであって、その状況は多様であるが、典型的な例として、次のようなものがある。

　イ　事務所内において上司が労働者の腰、胸等に度々触ったため、当該労働者が苦痛に感じてその就業意欲が低下していること。

　ロ　同僚が取引先において労働者に係る性的な内容の情報を意図的かつ継続的に流布したため、当該労働者が苦痛に感じて仕事が手につかないこと。

　ハ　労働者が抗議をしているにもかかわらず、事務所内にヌードポスターを掲示しているため、当該労働者が苦痛に感じて業務に専念できないこと。

3　事業主等の責務
（1）事業主の責務

　　法第11条の2第2項の規定により、事業主は、職場におけるセクシュアルハラスメントを行ってはならないことその他職場におけるセクシュアルハラスメントに起因する問題（以下「セクシュアルハラスメント問題」という。）に対するその雇用する労働者の関心と理解を深めるとともに、当該労働者が他の労働者（他の事業主が雇用する労働者及び求職者を含む。(2)において同じ。）に対する言動に必要な注意を払うよう、研修の実施その他の必要な配慮をするほか、国の講ずる同条第1項の広報活動、啓発活動その他の措置に協力するように努めなければならない。なお、職場におけるセクシュアルハラスメントに起因する問題としては、例えば、労働者の意欲の低下などによる職場環境の悪化や職場全体の生産性の低下、労働者の健康状態の悪化、休職や退職などにつながり得ること、これらに伴う経営的な損失等が考えられる。

　　また、事業主（その者が法人である場合にあっては、その役員）は、自らも、セクシュアルハラスメント問題に対する関心と理解を深め、労働者（他の事業主が雇用する労働者及び求職者を含む。）に対する言動に必要な注意を払うように努めなければならない。

（2）労働者の責務

　　法第11条の2第4項の規定により、労働者は、セクシュアルハラスメント問題に対する関心と理解を深め、他の労働者に対する言動に必要な注意を払うとともに、事業主の講ずる4の措置に協力するように努めなければならない。

4　事業主が職場における性的な言動に起因する問題に関し雇用管理上講ずべき措置の内容

　　事業主は、職場におけるセクシュアルハラスメントを防止するため、雇用管理上次の措置を講じなければならない。

（1）事業主の方針等の明確化及びその周知・啓発

　　事業主は、職場におけるセクシュアルハラスメントに関する方針の明確化、労働者に対するその方針の周知・啓発として、次の措置を講じなければならない。なお、周知・啓発をするに当たっては、職場におけるセクシュアルハラスメントの防止の効果を高めるため、その発生の原因や背景について労働者の理解を深めることが重要である。その際、職場におけるセクシュアルハラスメントの発生の原因や背景には、性別役割分担意識に基づく言動もあると考えられ、こうした言動をなくしていくことがセクシュアルハラスメントの防止の効果を高める上で重要であることに留意することが必要である。

　イ　職場におけるセクシュアルハラスメントの内容及び職場におけるセクシュアルハラスメントを行ってはならない旨の方針を明確化し、管理監督者を含む労働者

に周知・啓発すること。

（事業主の方針を明確化し、労働者に周知・啓発していると認められる例）

① 就業規則その他の職場における服務規律等を定めた文書において、職場におけるセクシュアルハラスメントを行ってはならない旨の方針を規定し、当該規定と併せて、職場におけるセクシュアルハラスメントの内容及び性別役割分担意識に基づく言動がセクシュアルハラスメントの発生の原因や背景となり得ることを、労働者に周知・啓発すること。

② 社内報、パンフレット、社内ホームページ等広報又は啓発のための資料等に職場におけるセクシュアルハラスメントの内容及び性別役割分担意識に基づく言動がセクシュアルハラスメントの発生の原因や背景となり得ること並びに職場におけるセクシュアルハラスメントを行ってはならない旨の方針を記載し、配布等すること。

③ 職場におけるセクシュアルハラスメントの内容及び性別役割分担意識に基づく言動がセクシュアルハラスメントの発生の原因や背景となり得ること並びに職場におけるセクシュアルハラスメントを行ってはならない旨の方針を労働者に対して周知・啓発するための研修、講習等を実施すること。

ロ 職場におけるセクシュアルハラスメントに係る性的な言動を行った者については、厳正に対処する旨の方針及び対処の内容を就業規則その他の職場における服務規律等を定めた文書に規定し、管理監督者を含む労働者に周知・啓発すること。

（対処方針を定め、労働者に周知・啓発していると認められる例）

① 就業規則その他の職場における服務規律等を定めた文書において、職場におけるセクシュアルハラスメントに係る性的な言動を行った者に対する懲戒規定を定め、その内容を労働者に周知・啓発すること。

② 職場におけるセクシュアルハラスメントに係る性的な言動を行った者は、現行の就業規則その他の職場における服務規律等を定めた文書において定められている懲戒規定の適用の対象となる旨を明確化し、これを労働者に周知・啓発すること。

(2) 相談（苦情を含む。以下同じ。）に応じ、適切に対応するために必要な体制の整備

事業主は、労働者からの相談に対し、その内容や状況に応じ適切かつ柔軟に対応するために必要な体制の整備として、次の措置を講じなければならない。

イ 相談への対応のための窓口（以下「相談窓口」という。）をあらかじめ定め、労働者に周知すること。

（相談窓口をあらかじめ定めていると認められる例）

① 相談に対応する担当者をあらかじめ定めること。

② 相談に対応するための制度を設けること。

③ 外部の機関に相談への対応を委託すること。

ロ　イの相談窓口の担当者が、相談に対し、その内容や状況に応じ適切に対応できるようにすること。また、相談窓口においては、被害を受けた労働者が萎縮するなどして相談を躊躇する例もあること等も踏まえ、相談者の心身の状況や当該言動が行われた際の受け止めなどその認識にも配慮しながら、職場におけるセクシュアルハラスメントが現実に生じている場合だけでなく、その発生のおそれがある場合や、職場におけるセクシュアルハラスメントに該当するか否か微妙な場合であっても、広く相談に対応し、適切な対応を行うようにすること。例えば、放置すれば就業環境を害するおそれがある場合や、性別役割分担意識に基づく言動が原因や背景となってセクシュアルハラスメントが生じるおそれがある場合等が考えられる。

（相談窓口の担当者が適切に対応することができるようにしていると認められる例）

①　相談窓口の担当者が相談を受けた場合、その内容や状況に応じて、相談窓口の担当者と人事部門とが連携を図ることができる仕組みとすること。

②　相談窓口の担当者が相談を受けた場合、あらかじめ作成した留意点などを記載したマニュアルに基づき対応すること。

③　相談窓口の担当者に対し、相談を受けた場合の対応についての研修を行うこと。

（3）職場におけるセクシュアルハラスメントに係る事後の迅速かつ適切な対応

　　事業主は、職場におけるセクシュアルハラスメントに係る相談の申出があった場合において、その事案に係る事実関係の迅速かつ正確な確認及び適正な対処として、次の措置を講じなければならない。

イ　事案に係る事実関係を迅速かつ正確に確認すること。なお、セクシュアルハラスメントに係る性的な言動の行為者とされる者（以下「行為者」という。）が、他の事業主が雇用する労働者又は他の事業主（その者が法人である場合にあっては、その役員）である場合には、必要に応じて、他の事業主に事実関係の確認への協力を求めることも含まれる。

（事案に係る事実関係を迅速かつ正確に確認していると認められる例）

①　相談窓口の担当者、人事部門又は専門の委員会等が、相談を行った労働者（以下「相談者」という。）及び行為者の双方から事実関係を確認すること。その際、相談者の心身の状況や当該言動が行われた際の受け止めなどその認識にも適切に配慮すること。

　　また、相談者と行為者との間で事実関係に関する主張に不一致があり、事実の確認が十分にできないと認められる場合には、第三者からも事実関係を聴取する等の措置を講ずること。

②　事実関係を迅速かつ正確に確認しようとしたが、確認が困難な場合などにおいて、法第18条に基づく調停の申請を行うことその他中立な第三者機関に紛争処理を委ねること。

ロ　イにより、職場におけるセクシュアルハラスメントが生じた事実が確認できた

場合においては、速やかに被害を受けた労働者（以下「被害者」という。）に対する配慮のための措置を適正に行うこと。

（措置を適正に行っていると認められる例）

①　事案の内容や状況に応じ、被害者と行為者の間の関係改善に向けての援助、被害者と行為者を引き離すための配置転換、行為者の謝罪、被害者の労働条件上の不利益の回復、管理監督者又は事業場内産業保健スタッフ等による被害者のメンタルヘルス不調への相談対応等の措置を講ずること。

②　法第18条に基づく調停その他中立な第三者機関の紛争解決案に従った措置を被害者に対して講ずること。

ハ　イにより、職場におけるセクシュアルハラスメントが生じた事実が確認できた場合においては、行為者に対する措置を適正に行うこと。

（措置を適正に行っていると認められる例）

①　就業規則その他の職場における服務規律等を定めた文書における職場におけるセクシュアルハラスメントに関する規定等に基づき、行為者に対して必要な懲戒その他の措置を講ずること。あわせて、事案の内容や状況に応じ、被害者と行為者の間の関係改善に向けての援助、被害者と行為者を引き離すための配置転換、行為者の謝罪等の措置を講ずること。

②　法第18条に基づく調停その他中立な第三者機関の紛争解決案に従った措置を行為者に対して講ずること。

ニ　改めて職場におけるセクシュアルハラスメントに関する方針を周知・啓発する等の再発防止に向けた措置を講ずること。

なお、セクシュアルハラスメントに係る性的な言動の行為者が、他の事業主が雇用する労働者又は他の事業主（その者が法人である場合にあっては、その役員）である場合には、必要に応じて、他の事業主に再発防止に向けた措置への協力を求めることも含まれる。

また、職場におけるセクシュアルハラスメントが生じた事実が確認できなかった場合においても、同様の措置を講ずること。

（再発防止に向けた措置を講じていると認められる例）

①　職場におけるセクシュアルハラスメントを行ってはならない旨の方針及び職場におけるセクシュアルハラスメントに係る性的な言動を行った者について厳正に対処する旨の方針を、社内報、パンフレット、社内ホームページ等広報又は啓発のための資料等に改めて掲載し、配布等すること。

②　労働者に対して職場におけるセクシュアルハラスメントに関する意識を啓発するための研修、講習等を改めて実施すること。

(4)　(1)から(3)までの措置と併せて講ずべき措置

(1)から(3)までの措置を講ずるに際しては、併せて次の措置を講じなければならない。

イ　職場におけるセクシュアルハラスメントに係る相談者・行為者等の情報は当該

相談者・行為者等のプライバシーに属するものであることから、相談への対応又は当該セクシュアルハラスメントに係る事後の対応に当たっては、相談者・行為者等のプライバシーを保護するために必要な措置を講ずるとともに、その旨を労働者に対して周知すること。

（相談者・行為者等のプライバシーを保護するために必要な措置を講じていると認められる例）

① 相談者・行為者等のプライバシーの保護のために必要な事項をあらかじめマニュアルに定め、相談窓口の担当者が相談を受けた際には、当該マニュアルに基づき対応するものとすること。

② 相談者・行為者等のプライバシーの保護のために、相談窓口の担当者に必要な研修を行うこと。

③ 相談窓口においては相談者・行為者等のプライバシーを保護するために必要な措置を講じていることを、社内報、パンフレット、社内ホームページ等広報又は啓発のための資料等に掲載し、配布等すること。

ロ 法第11条第2項、第17条第2項及び第18条第2項の規定を踏まえ、労働者が職場におけるセクシュアルハラスメントに関し相談をしたこと若しくは事実関係の確認等の事業主の雇用管理上講ずべき措置に協力したこと、都道府県労働局に対して相談、紛争解決の援助の求め若しくは調停の申請を行ったこと又は調停の出頭の求めに応じたこと（以下「セクシュアルハラスメントの相談等」という。）を理由として、解雇その他不利益な取扱いをされない旨を定め、労働者に周知・啓発すること。

（不利益な取扱いをされない旨を定め、労働者にその周知・啓発することについて措置を講じていると認められる例）

① 就業規則その他の職場における服務規律等を定めた文書において、セクシュアルハラスメントの相談等を理由として、当該労働者が解雇等の不利益な取扱いをされない旨を規定し、労働者に周知・啓発をすること。

② 社内報、パンフレット、社内ホームページ等広報又は啓発のための資料等に、セクシュアルハラスメントの相談等を理由として、当該労働者が解雇等の不利益な取扱いをされない旨を記載し、労働者に配布等すること。

5 他の事業主の講ずる雇用管理上の措置の実施に関する協力

法第11条第3項の規定により、事業主は、当該事業主が雇用する労働者又は当該事業主（その者が法人である場合にあっては、その役員）による他の事業主の雇用する労働者に対する職場におけるセクシュアルハラスメントに関し、他の事業主から、事実関係の確認等の雇用管理上の措置の実施に関し必要な協力を求められた場合には、これに応ずるように努めなければならない。

また、同項の規定の趣旨に鑑みれば、事業主が、他の事業主から雇用管理上の措置

への協力を求められたことを理由として、当該事業主に対し、当該事業主との契約を解除する等の不利益な取扱いを行うことは望ましくないものである。

6 事業主が職場における性的な言動に起因する問題に関し行うことが望ましい取組の内容

　事業主は、職場におけるセクシュアルハラスメントを防止するため、4の措置に加え、次の取組を行うことが望ましい。

(1) 職場におけるセクシュアルハラスメントは、パワーハラスメント（事業主が職場における優越的な関係を背景とした言動に起因する問題に関して雇用管理上講ずべき措置等についての指針（令和2年厚生労働省告示第5号）に規定する「職場におけるパワーハラスメント」をいう。以下同じ。）、妊娠、出産等に関するハラスメント（事業主が職場における妊娠、出産等に関する言動に起因する問題に関して雇用管理上講ずべき措置等についての指針（平成28年厚生労働省告示第312号）に規定する「職場における妊娠、出産等に関するハラスメント」をいう。）、育児休業等に関するハラスメント（子の養育又は家族の介護を行い、又は行うこととなる労働者の職業生活と家庭生活との両立が図られるようにするために事業主が講ずべき措置等に関する指針（平成21年厚生労働省告示第509号）に規定する「職場における育児休業等に関するハラスメント」をいう。）その他のハラスメントと複合的に生じることも想定されることから、事業主は、例えば、パワーハラスメント等の相談窓口と一体的に、職場におけるセクシュアルハラスメントの相談窓口を設置し、一元的に相談に応じることのできる体制を整備することが望ましい。

（一元的に相談に応じることのできる体制の例）

① 相談窓口で受け付けることのできる相談として、職場におけるセクシュアルハラスメントのみならず、パワーハラスメント等も明示すること。

② 職場におけるセクシュアルハラスメントの相談窓口がパワーハラスメント等の相談窓口を兼ねること。

(2) 事業主は、4の措置を講じる際に、必要に応じて、労働者や労働組合等の参画を得つつ、アンケート調査や意見交換等を実施するなどにより、その運用状況の的確な把握や必要な見直しの検討等に努めることが重要である。

　なお、労働者や労働組合等の参画を得る方法として、例えば、労働安全衛生法（昭和47年法律第57号）第18条第1項に規定する衛生委員会の活用なども考えられる。

7 事業主が自らの雇用する労働者以外の者に対する言動に関し行うことが望ましい取組の内容

　3の事業主及び労働者の責務の趣旨に鑑みれば、事業主は、当該事業主が雇用する労働者が、他の労働者（他の事業主が雇用する労働者及び求職者を含む。）のみならず、個人事業主、インターンシップを行っている者等の労働者以外の者に対する言動につ

いても必要な注意を払うよう配慮するとともに、事業主（その者が法人である場合にあっては、その役員）自らと労働者も、労働者以外の者に対する言動について必要な注意を払うよう努めることが望ましい。

こうした責務の趣旨も踏まえ、事業主は、4(1)イの職場におけるセクシュアルハラスメントを行ってはならない旨の方針の明確化等を行う際に、当該事業主が雇用する労働者以外の者（他の事業主が雇用する労働者、就職活動中の学生等の求職者及び労働者以外の者）に対する言動についても、同様の方針を併せて示すことが望ましい。

また、これらの者から職場におけるセクシュアルハラスメントに類すると考えられる相談があった場合には、その内容を踏まえて、4の措置も参考にしつつ、必要に応じて適切な対応を行うように努めることが望ましい。

6　労働基準法、労災保険法等関係条文

労働基準法第75条：療養補償

　　労働者が業務上負傷し、又は疾病にかかつた場合においては、使用者は、その費用で必要な療養を行い、又は必要な療養の費用を負担しなければならない。

②　前項に規定する業務上の疾病及び療養の範囲は、厚生労働省令で定める。

　　解説：業務災害に対する使用者の補償義務を定めた条文で、療養の範囲は同則第36条で、①診察、②薬剤又は治療材料の支給、③処置、手術その他の治療、④居宅における療養上の管理及びその療養に伴う世話その他の看護、⑤病院又は診療所への入院及びその療養に伴う世話その他の看護、⑥移送としています。

労働基準法施行規則第35条：業務上の疾病の範囲

　　法第75条第2項の規定による業務上の疾病は、別表第1の2に掲げる疾病とする。

　　解説：別表第1の2は141頁を参照してください。

第76条：休業補償

　　労働者が前条の規定による療養のため、労働することができないために賃金を受けない場合においては、使用者は、労働者の療養中平均賃金の100分の60の休業補償を行わなければならない（第2・3項　略）。

第77条：障害補償

　　労働者が業務上負傷し、又は疾病にかかり、治つた場合において、その身体に障害が存するときは、使用者は、その障害の程度に応じて、平均賃金に別表第2に定める日数を乗じて得た金額の障害補償を行わなければならない。

　　解説：同条別表2で身体障害等級及び災害補償表、また、労基則第40条別表2に身体障害等級表を定めています。

第78条：休業補償及び障害補償の例外

　　労働者が重大な過失によつて業務上負傷し、又は疾病にかかり、且つ使用者がその過失について行政官庁の認定を受けた場合においては、休業補償又は障害補償を行わなくてもよい。

第79条：遺族補償

　　労働者が業務上死亡した場合においては、使用者は、遺族に対して、平均賃金の1000日分の遺族補償を行わなければならない。

第80条：葬祭料

　労働者が業務上死亡した場合においては、使用者は、葬祭を行う者に対して、平均賃金の60日分の葬祭料を支払わなければならない。

第81条：打切補償、第82条：分割補償、第83条：補償を受ける権利

　（条文省略）

第84条：他の法律との関係

　この法律に規定する災害補償の事由について、労働者災害補償保険法（昭和22年法律第50号）又は厚生労働省令で指定する法令に基づいてこの法律の災害補償に相当する給付が行なわれるべきものである場合においては、使用者は、補償の責を免れる。
（第2項　略）

　　解説：業務災害による負傷等に対して、労災保険給付が行われたときは、使用者は労基法の補償責任をはたしたことになります。なお、通勤災害に関しては使用者の補償責任は生じません。

労災保険法第7条：保険給付の種類等

　この法律による保険給付は、次に掲げる保険給付とする。
一　労働者の業務上の負傷、疾病、障害又は死亡（以下「業務災害」という。）に関する保険給付
二　複数事業労働者（これに類する者として厚生労働省令で定めるものを含む。以下同じ。）の二以上の事業の業務を要因とする負傷、疾病、障害又は死亡（以下「複数業務要因災害」という。）に関する保険給付（前号に掲げるものを除く。以下同じ。）
　（第三号以降　略）

第12条の8：業務災害の保険給付の種類

　第7条第1項第1号の業務災害に関する保険給付は、次に掲げる保険給付とする。
一　療養補償給付
二　休業補償給付
三　障害補償給付
四　遺族補償給付
五　葬祭料
六　傷病補償年金
七　介護補償給付
②　前項の保険給付（傷病補償年金及び介護補償給付を除く。）は、労働基準法第75条から第77条まで、第79条及び第80条に規定する災害補償の事由又は船員法（昭和

22年法律第100号）第89条第１項、第91条第１項、第92条本文、第93条及び第94条に規定する災害補償の事由（同法第91条第１項にあっては、労働基準法第76条第１項に規定する災害補償の事由に相当する部分に限る。）が生じた場合に、補償を受けるべき労働者若しくは遺族又は葬祭を行う者に対し、その請求に基づいて行う。

（第３項以降　略）

第20条の２

　　第７条第１項第２号の複数業務要因災害に関する保険給付は、次に掲げる保険給付とする。

一　複数事業労働者療養給付

二　複数事業労働者休業給付

三　複数事業労働者障害給付

四　複数事業労働者遺族給付

五　複数事業労働者葬祭給付

六　複数事業労働者傷病年金

七　複数事業労働者介護給付

第20条の３

　　複数事業労働者療養給付は、複数事業労働者が従事する二以上の事業の業務を要因として負傷し、又は疾病（厚生労働省令で定めるものに限る。以下この節同じ。）にかかった場合に、当該複数事業労働者に対し、その請求に基づいて行う。

（第２項　略）

　解説：保険給付を受ける権利は被災者及び遺族等にあり、自ら請求することを基本としています。

労働基準法施行規則第35条
別表第一の二

一　業務上の負傷に起因する疾病

二　物理的因子による次に掲げる疾病
　　1．紫外線にさらされる業務による前眼部疾患又は皮膚疾患
　　2．赤外線にさらされる業務による網膜火傷、白内障等の眼疾患又は皮膚疾患
　　3．レーザー光線にさらされる業務による網膜火傷等の眼疾患又は皮膚疾患
　　4．マイクロ波にさらされる業務による白内障等の眼疾患
　　5．電離放射線にさらされる業務による急性放射線症、皮膚潰瘍等の放射線皮膚障害、白内障等の放射線眼疾患、放射線肺炎、再生不良性貧血等の造血器障害、骨壊死その他の放射線障害
　　6．高圧室内作業又は潜水作業に係る業務による潜函病又は潜水病
　　7．気圧の低い場所における業務による高山病又は航空減圧症
　　8．暑熱な場所における業務による熱中症
　　9．高熱物体を取り扱う業務による熱傷
　　10．寒冷な場所における業務又は低温物体を取り扱う業務による凍傷
　　11．著しい騒音を発する場所における業務による難聴等の耳の疾患
　　12．超音波にさらされる業務による手指等の組織壊死
　　13．1から12までに掲げるもののほか、これらの疾病に付随する疾病その他物理的因子にさらされる業務に起因することの明らかな疾病

三　身体に過度の負担のかかる作業態様に起因する次に掲げる疾病
　　1．重激な業務による筋肉、腱、骨若しくは関節の疾患又は内臓脱
　　2．重量物を取り扱う業務、腰部に過度の負担を与える不自然な作業姿勢により行う業務その他腰部に過度の負担のかかる業務による腰痛
　　3．さく岩機、鋲打ち機、チェーンソー等の機械器具の使用により身体に振動を与える業務による手指、前腕等の末梢循環障害、末梢神経障害又は運動器障害
　　4．電子計算機への入力を反復して行う業務その他上肢に過度の負担のかかる業務による後頭部、頸部、肩甲帯、上腕、前腕又は手指の運動器障害
　　5．1から4までに掲げるもののほか、これらの疾病に付随する疾病その他身体に過度の負担のかかる作業態様の業務に起因することの明らかな疾病

四　化学物質等による次に掲げる疾病
　　1．厚生労働大臣の指定する単体たる化学物質及び化合物（合金を含む。）にさらされる業務による疾病であつて、厚生労働大臣が定めるもの

2．弗素樹脂、塩化ビニル樹脂、アクリル樹脂等の合成樹脂の熱分解生成物にさらされる業務による眼粘膜の炎症又は気道粘膜の炎症等の呼吸器疾患

3．すす、鉱物油、うるし、テレビン油、タール、セメント、アミン系の樹脂硬化剤等にさらされる業務による皮膚疾患

4．蛋白分解酵素にさらされる業務による皮膚炎、結膜炎又は鼻炎、気管支喘息等の呼吸器疾患

5．木材の粉じん、獣毛のじんあい等を飛散する場所における業務又は抗生物質等にさらされる業務によるアレルギー性の鼻炎、気管支喘息等の呼吸器疾患

6．落綿等の粉じんを飛散する場所における業務による呼吸器疾患

7．石綿にさらされる業務による良性石綿胸水又はびまん性胸膜肥厚

8．空気中の酸素濃度の低い場所における業務による酸素欠乏症

9．1から8までに掲げるもののほか、これらの疾病に付随する疾病その他化学物質等にさらされる業務に起因することの明らかな疾病

五　粉じんを飛散する場所における業務によるじん肺症又はじん肺法（昭和三十五年法律第三十号）に規定するじん肺と合併したじん肺法施行規則（昭和三十五年労働省令第六号）第一条各号に掲げる疾病

六　細菌、ウイルス等の病原体による次に掲げる疾病

1．患者の診療若しくは看護の業務、介護の業務又は研究その他の目的で病原体を取り扱う業務による伝染性疾患

2．動物若しくはその死体、獣毛、革その他動物性の物又はぼろ等の古物を取り扱う業務によるブルセラ症、炭疽病等の伝染性疾患

3．湿潤地における業務によるワイル病等のレプトスピラ症

4．屋外における業務による恙虫病

5．1から4までに掲げるもののほか、これらの疾病に付随する疾病その他細菌、ウイルス等の病原体にさらされる業務に起因することの明らかな疾病

七　がん原性物質若しくはがん原性因子又はがん原性工程における業務による次に掲げる疾病

1．ベンジジンにさらされる業務による尿路系腫瘍

2．ベーター・ナフチルアミンにさらされる業務による尿路系腫瘍

3．四－アミノジフェニルにさらされる業務による尿路系腫瘍

4．四－ニトロジフェニルにさらされる業務による尿路系腫瘍

5．ビス（クロロメチル）エーテルにさらされる業務による肺がん

6．ベリリウムにさらされる業務による肺がん

7．ベンゾトリクロライドにさらされる業務による肺がん

8．石綿にさらされる業務による肺がん又は中皮腫（しゅ）

9．ベンゼンにさらされる業務による白血病

10．塩化ビニルにさらされる業務による肝血管肉腫（しゅ）又は肝細胞がん

11．オルトートルイジンにさらされる業務による膀胱がん

12．一・二－ジクロロプロパンにさらされる業務による胆管がん

13．ジクロロメタンにさらされる業務による胆管がん

14．電離放射線にさらされる業務による白血病、肺がん、皮膚がん、骨肉腫（しゅ）、甲状腺（せん）がん、多発性骨髄腫（しゅ）又は非ホジキンリンパ腫

15．オーラミンを製造する工程における業務による尿路系腫瘍（しゅよう）

16．マゼンタを製造する工程における業務による尿路系腫瘍（しゅよう）

17．コークス又は発生炉ガスを製造する工程における業務による肺がん

18．クロム酸塩又は重クロム酸塩を製造する工程における業務による肺がん又は上気道のがん

19．ニッケルの製錬又は精錬を行う工程における業務による肺がん又は上気道のがん

20．砒（ひ）素を含有する鉱石を原料として金属の製錬若しくは精錬を行う工程又は無機砒素化合物を製造する工程における業務による肺がん又は皮膚がん

21．すす、鉱物油、タール、ピッチ、アスファルト又はパラフィンにさらされる業務による皮膚がん

22．1から21までに掲げるもののほか、これらの疾病に付随する疾病その他がん原性物質若しくはがん原性因子にさらされる業務又はがん原性工程における業務に起因することの明らかな疾病

八　長期間にわたる長時間の業務その他血管病変等を著しく増悪させる業務による脳出血、くも膜下出血、脳梗塞、高血圧性脳症、心筋梗塞、狭心症、心停止（心臓性突然死を含む。）若しくは解離性大動脈瘤（りゅう）又はこれらの疾病に付随する疾病

九　人の生命にかかわる事故への遭遇その他心理的に過度の負担を与える事象を伴う業務による精神及び行動の障害又はこれに付随する疾病

十　前各号に掲げるもののほか、厚生労働大臣の指定する疾病

十一　その他業務に起因することの明らかな疾病

7 関連通達等一覧

1 事業場における労働者の健康保持増進のための指針

(昭和63年9月1日 健康保持増進のための指針公示第1号 改正 令和5年3月31日 健康保持増進のための指針公示第11号)

2 健康診断結果に基づき事業者が講ずべき措置に関する指針

(平成8年10月1日 健康診断結果措置指針公示第1号 改正 平成29年4月14日 健康診断結果措置指針公示第9号)

3 心の健康問題により休業した労働者の職場復帰支援の手引き

(平成16年10月厚生労働省発表 改訂 平成24年7月)

4 過重労働による健康障害防止のための総合対策について

(平成18年3月17日 基発第0317008号 改正 令和令和2年4月1日 基発0401第11号)

5 労働者の心の健康の保持増進のための指針

(平成18年3月31日 健康保持増進のための指針公示第3号 改正 平成27年11月30日 健康保持増進のための指針公示第6号)

6 メンタルヘルス対策における事業場外資源との連携の促進について

(平成20年6月19日 基安労発第0619001号)

7 ストレスチェック制度の施行を踏まえた当面のメンタルヘルス対策の推進について

(平成28年4月1日 基発0401第72号)

精神障害の労災認定のしくみ

平成25年2月15日　　初版発行
令和3年9月27日　　改訂版発行
令和6年6月21日　　改訂2版発行

発行人　　荻原　俊輔
発行所　　公益財団法人　労災保険情報センター
〒112-0004　東京都文京区後楽1-4-25
TEL　03-5684-5514
FAX　03-5684-5522
〔HOMEPAGE〕https://www.rousai-ric.or.jp/

ISBN978-4-903286-95-2　C2030　￥1364E
落丁・乱丁はお取り替え致します。